ESPASA HOY

César Alonso de los Ríos
Si España cae...

Asalto nacionalista al Estado

César
Alonso de los Ríos

Si España cae...
Asalto nacionalista al Estado

ESPASA CALPE

ESPASA HOY

Dirección: Javier de Juan
Editora: Pilar Cortés

Diseño de cubierta: Hans Romberg

Depósito legal: M. 3.800-1994
ISBN: 84-239-7714-5

Impreso en España/Printed in Spain
Impresión: Gaez, S. A.

Editorial Espasa Calpe, S. A.
Carretera de Irún, km. 12,200. 28049 Madrid

Índice

Prólogo

La cultura de la conformidad, quizá de la satisfacción, que con tanto fervor ha incorporado nuestro establecimiento político, no prevé para España situaciones dramáticas que permitan encajar una hipótesis como la del título de este libro. Me temo, por tanto, que el verso de César Vallejo, traído a la actualidad, pueda parecer no sólo desproporcionado sino incluso desestabilizador a buena parte de aquél. En todo caso, quiero recordar a los poco imaginativos o a los mal intencionados que el poeta añadió una corrección coloquial: «digo, es un decir». Y si ello fue oportuno en una situación de guerra, con mayor razón deberé yo advertir que no hay que tomar al pie de la letra la figura literaria de una «caída de España».

La verdad es que sólo los insensatos pueden garantizar la estabilidad cuando se ha permitido que los nacionalismos hayan llegado a tal grado de influencia en la vida política española. Y digo que se haya «permitido» porque este es el término correcto para explicar el ascenso de unas minorías a las que se ha llegado a ofrecer una parte del gobierno central en la creencia de que tal colaboración supondría el fin de la escalada y, por tanto, el final del problema histórico español. Como si éste fuera tan simple.

La debilidad del gobierno central ha «permitido» que, después de dos años de agresiones a la Nación española, al Estado y a la Constitución, los nacionalistas hayan arreciado en sus reivindicaciones: unos, los vascos, hasta el umbral de la autodeterminación; otros, los pujolistas, hasta la reducción del Estado a la Corona como única referencia. El método catalán es más sofisticado que el vasco; ni siquiera quiere modificar la Constitución para llegar a la culminación de un estado catalán con minúscula. Negada teórica y prácticamente la idea de Nación española, ¿por qué no iban a perder la vergüenza los nacionalistas y pedirlo todo y en poco tiempo? Han arreciado en sus pretensiones según su método ya clásico; aprovechar los momentos de debilidad del poder central. Lo hicieron con motivo del Desastre, lo hicieron en la II República, en la paz y durante la guerra del 36, lo hicieron en la transición y lo hacen ahora con el PSOE en baja. Y ahora con más facilidad por cuanto la izquierda española no sabe qué quiere decir izquierda y sobre todo española, porque dejó en manos del españolismo la idea de Nación y así traicionó el legado progresista de España. Los nacionalismos, básicamente débiles pero tan conscientes de su debilidad que practican el victimismo como método, están aprovechando la oportunidad que les da la pérdida de la mayoría absoluta de un partido que confunde la permanencia en el poder con la responsabilidad nacional.

En esta situación, ¿quién es capaz de garantizar un futuro sin problemas graves? Porque, o se cierra el proceso autonómico y se termina con la incertidumbre y la escalada agresiva de los nacionalistas mediante un pacto de Estado, o nos deslizaremos por un despeñadero con consecuencias incalculables.

Pero para acabar con la inestabilidad y las incógnitas sobre el Estado, conviene acertar con la fórmula del Pacto, de tal modo que no se lesione la cohesión territorial y la equidad, interregional, nacional. Hoy por hoy, desgraciadamente, las posibilidades de singularidad y de desbordamiento del equilibrio autonómico están en relación a la audacia nacionalista y a la falsa prudencia de los partidos nacionales. Las exigencias del derecho de autodeterminación de todos los nacionalistas vascos y la crítica del Estatuto de todos los nacionalistas catalanes, así como la comparación que hacen unos y otros entre Cataluña y Euskadi y las repúblicas ex soviéticas o ex yugoslavas, indican una voluntad que únicamente el oportunismo político puede desconocer y únicamente la irresponsabilidad puede aceptar sin más. ¿Cómo asegurar que de esta delicadísima situación —y no sólo por culpa de los nacionalistas sino, sobre todo, por culpa de la mayoría que a veces los secunda— no puede derivarse una mayor conflictividad?

El profesor Peces-Barba, uno de los redactores de la Constitución, ha advertido que la deducción de ventajas jurídicas para las nacionalidades a causa del «hecho diferencial» conduciría a la liquidación de la Constitución, a un *delenda est Constitutio*[1]. Quizá la salida posible consistiera en una nueva forma de representación política: mientras el Senado, reformado, sería una eficaz Cámara de las Regiones, al Congreso de los Diputados no podrían acceder aquellas fuerzas políticas con una representación determinada, de tal modo que se impidiera que unos cuantos diputados regionales, correspondientes a una minoría insignificante desde el punto de vista nacional español, puedan llegar a condicionar la gobernación de España. ¿Es aceptable que la gobernación de España dependa de Durán Lleida?

Pero aunque pudiéramos descartar toda posibilidad dramática no debe dejar de preocuparnos la degradación que conlleva el problema nacional: la esterilidad colectiva, la inseguridad, la incapacidad para la creatividad, la insolidaridad, la destrucción de los vínculos culturales del pasado y desde luego el presente.

Esto es lo que yo entiendo por que España caiga, haya caído, esté cayendo.

---

[1] Gregorio Peces-Barba, «Constitución y hecho diferencial. Los efectos políticos», *ABC*, 22 de diciembre de 1993.

Lo diré, si cabe, con mayor claridad. Cuando se discute en un país sobre las posibilidades de un desgarramiento territorial, cuando se debate sobre la eventualidad de la ruptura de la unidad, es que ya se está en un momento muy delicado. No es ya lo preocupante el futuro, sino el presente que lleva a hacer esos planteamientos.

Pero aún más: el hecho de que, a juicio de muchos políticos y observadores políticos, únicamente se considere preocupante una posibilidad trágica (la ruptura territorial) indica hasta qué punto tenemos un sentido elemental y pobre de la convivencia. Y una cosa es que hayamos perdido el gusto por la utopía, incluso a muchos les parezca malsano, y otra es que nos contentemos con una realidad menesterosa, azarosa, pobre y desde el punto de vista europeo subsidiaria y dependiente.

Este tipo de gentes públicas que se empeñan en desechar objeciones y contratiempos y todo les parece familiar, previsto y resoluble mientras la angustia se enseñorea de la realidad, sin duda —digo— pensarán que el título de este libro resulta una exageración y es alarmista. Posiblemente algunos o muchos de ellos pertenezcan a la estirpe de los irresponsables que han intentado sustituir el término España por el eufemismo de Estado español. Así que el título del libro les seguirá pareciendo enfático e impropio. Tales sujetos —sedicentes progresistas— pertenecen a esa categoría de irresponsables que proclaman que todo marcha en el mejor de los mundos mientras golpean con la piqueta en la clave del arco. ¿Cómo va a caer España, en efecto, si ellos ya la han dado por liquidada? ¿Pueden decir que es exagerado y alarmista el título de este libro aquellos que juzgan abusivo y retórico el nombre de España como Nación? Porque si no podemos utilizar en su pleno sentido el término España, esto es, como Nación y como Estado, y, por tanto, a secas, es que, entonces, en este caso, no estamos ante una eventualidad sino ante un hecho; entonces es que ya ha caído España, como idea, como concepto, como conciencia.

Porque para mí lo dramático no consiste sólo en que haya ruptura del Estado. Quizá, en efecto, sea lo más temible por las consecuencias que pueda tener, pero no por ello deja de ser degradante una situación en la que se ha perdido la conciencia de Nación, en la que ésta es negada de forma agresiva por ciertos partidos, en la que convivencia es materia de chantaje por parte de partidos regionales, en la que ya no caben tareas colectivas, comunitarias, en la que numerosos ciudadanos son considerados como no representativos en determinadas regiones. En una palabra, la negación de la convivencia nacional preconizada por los nacionalistas y aceptada por una parte de la sociedad abrumada por la confusión entre lo español y el españolismo franquista, mina las bases de la sociedad, impide un funcionamiento normal.

Se pueden hacer hipótesis, cabe especular sobre el futuro, pero en realidad el título SI ESPAÑA CAE... es una forma de optimismo cuando el presente y el pasado inmediato tienen que ver con una degradación de los principios. La hipótesis es casi una propuesta de regeneración, es casi una invitación a que nos icemos.

En estas circunstancias, cuando la única homogeneización de la sociedad viene por el mercado y por los medios de comunicación, nuestra integración en Europa es una aventura a lo desconocido, esto es, una aventura a la despersonalización mayor de lo que hayamos podido imaginar. Negada la identidad nacional y democrática, ¿qué somos en Europa, qué aportamos, en qué nos quedaremos? Con razón tienen más confianza en este futuro los nacionalistas vascos y catalanes. Ellos tienen una idea abusiva de Nación, pero la tienen. Nosotros ni siquiera tenemos una idea de Nación como la tienen italianos, alemanes, belgas, franceses, etc. En estas circunstancias, de qué cultura hablaremos, qué modos de vida defenderemos, de qué pluralismo seremos garantes si no ofrecemos nada español porque no creemos en lo español...?, etc.

A este proceso de degradación de las relaciones personales, institucionales, regionales, que estamos viviendo, me refiero cuando digo que puede caer España. Digo, en realidad, que sería bueno que hiciéramos todo como si no hubiera caído. Como si estuviéramos de pie. Como si siguiésemos creyendo en una nación, en una comunidad de hombres libres que se llaman españoles y que tienen ante sí tareas comunes, nacionales, españolas.

Y yo no tomo aquí el punto de vista de la crítica a los nacionalistas, sino el punto de vista de un español que reclama discernimiento en situación tan complicada. No es la crítica a los nacionalistas lo que mueve mi pluma, aunque obviamente tendré que encararme con sus exigencias y con sus razones, sino la autocrítica como ciudadano que se siente de izquierdas. Interpelo a la izquierda y me preocupa la deserción nacional de la izquierda y me abruma que de la confusión ideológica que padeció durante la salida del franquismo aún queden actitudes erróneas a la hora de abordar el problema nacional.

De mantenerse este proceso de fortalecimiento de los nacionalismos y de seguidismo de la izquierda y, por tanto, de una entrega del Estado autonómico a los grupos conservadores, no solamente habremos matado la idea de nación española sino que, además, nos arrojaremos a una estéril competitividad, a la insolidaridad y a la inseguridad permanente. El Estado autonómico no sólo no significó la liberación del dogmatismo unitarista y la floración de las personalidades regionales, traía la posibilidad y la esperanza de una democratización de la vida española. Con él apareció en el horizonte la posibilidad de un Estado más democrático, más popular. Cuando el profesor Isidre Molas escribía que la construcción de Cataluña pasaba por el Estado de las Autonomías y por el Estatuto, entendía que se trataba de una democratización general de la vida pública, más participativa. Pero no ha sido así: «La lluita per l'Estat democràtic pasa per aconseguir la participació dels ciutadans en la política, l'enfortiment dels sindicats com a instruments d'organització propis dels treballadors i la construcció política estatal basada en les

Comunitats Autònomes que transformin la maquinaria de dominaciò creada per les nostres classes dominants, les quals hauran d'adaptarse a models nous...»[2]. Si este era el camino, hay que reconocer que la experiencia ha sido un fracaso desde el punto de vista de la izquierda y de una concepción democrática radical. El resultado ha llevado a aquélla no sólo a los compromisos derivados de la ocupación del poder en una situación escasamente autónoma como la que puede darse en un país europeo, sino a compromisos voluntarios al asumir tareas nacionalistas (especialmente en Cataluña, un inefable nacionalismo de izquierdas) o al pactar con partidos nacionalistas (el gobierno central, ya que el partido socialista vasco tendría la excusa de la liquidación del terrorismo). Se ha ido cumpliendo lo que ya denunciaba en 1977 el profesor Pedro de Vega: «Una cosa es la reivindicación de los valores comunitarios (antes se había referido a los derechos y libertades de las comunidades históricas) y otra la conversión de esa reivindicación en ideología política»[3].

Mi idea es que el actual Estado de las Autonomías únicamente se mantendrá, digo incluso como Estado, en la medida en que esté presidido por la solidaridad y la cohesión, lo cual únicamente es posible a partir de una conciencia de Nación. Una concepción democrática de España, esto es, la suma de todas las luchas populares, de todos los sufrimientos comunes, de todas las frustraciones y también de todas las expresiones culturales y de todas las grandes empresas civilizadoras, en definitiva, de todo un legado que configura unos vínculos entre personas y regiones. Pienso que si el Estado autonómico era necesario para la vida de las regiones y nacionalidades históricas, la idea de Nación española es necesaria para que los ciudadanos de estas regiones y nacio-

---

[2] Isidre Molas, *La ciutat llunyana,* Barcelona, Edicions 62, 1981.

[3] Pedro de Vega, «El carácter burgués de la ideología nacionalista», Revista *Sistema,* enero de 1977.

nalidades no queden a merced de unos partidos nacionalistas. De este modo, la noción de España no sólo es una representación del conjunto sino una posibilidad de situar a los partidos nacionalistas. Jordi Pujol dice con frecuencia que el problema es cómo encajar a Cataluña en España. Pues bien, de lo que se trata es de encajar correctamente a Pujol en Cataluña y en España, de buscar su sitio adecuado. El trabajo de los partidos españoles (no españolistas) es situar, encajar a los partidos nacionalistas en su justa proporción. Para ello, no deberán intentar suplantar a los partidos nacionalistas. Y, desde luego, con menos razón si quieren llamarse de izquierda.

En este sentido, habría que tener en cuenta algunas consideraciones elementales:

a) La mejor defensa de Cataluña y Euskadi pasa por la confrontación ideológica y política con los nacionalismos.

b) El nacionalismo de izquierdas es una contradicción en los términos.

c) La sensibilidad descentralizadora, democrática y pluralista se da en los defensores del Estado autonómico o federal, no en los nacionalistas, para quienes ese Estado es un pretexto para su minimalismo centralista y opresor de otras ideologías, culturas y de otras etnias.

d) Una concepción de España, solidaria y garantizadora de la diversidad, eleva el Estado a la categoría de Nación y es una garantía de la existencia y funcionamiento de comunidades que a su vez tienen conciencia regional o nacional. Así, España es nación de naciones, lo cual no supone una merma para Cataluña o Euskadi o Galicia sino un enriquecimiento.

e) El fracaso de esta idea de Nación en la práctica podría traducirse, lógicamente, en una dispersión.

f) La mayor agresión de nacionalistas vascos y catalanes es querer dejar a muchas regiones españolas sin nación, puesto que niegan esta condición a España.

g) España, pese a los nacionalistas, es una nación que responde a las características que pide Renan: en efecto, España ha sido en los grandes momentos históricos la expresión de «una gran solidaridad», «un consentimiento» y «el deseo claramente expresado de continuar la vida en común». Las únicas excepciones han sido eso, excepciones: los nacionalismos; e incluso a veces éstos han participado en esas expresiones de solidaridad. España, por fin, existe como Nación porque «es un plebiscito de todos los días».

h) De forma operativa, frente a las exigencias de autodeterminación de determinados colectivos, existe otra población que se siente nación española y que no es menos representativa. El problema es cómo organizar una consulta popular, esto es, quién, cuándo, cómo..., de tal modo que en función de unos derechos no se allanen otras y, en definitiva, no se lleve la guerra a donde había paz civil.

i) Por fin, el último cartucho de los nacionalistas y de sus compañeros de viaje es advertir que la idea de España puede llevar al nacionalismo españolista. A buen seguro si: *a*) no se defiende un concepto de Nación democrático; *b*) si no se frena la estrategia nacionalista de vascos y catalanes. De ahí, en efecto, la necesidad de la clarificación constante. Todos los nacionalismos se necesitan y se alimentan.

j) Ayer la intransigencia vino del nacionalismo españolista. Hoy viene de los nacionalismos catalán y vasco. Cataluña y el País Vasco juegan con unas armas desiguales y, sobre todo, con el ventajismo de usar la Constitución y negarla al tiempo, o de jugar irresponsablemente porque se confía en la responsabilidad de quienes realmente representan mayoritariamente el Estado y la Nación española (que no ya Estado Nacional, pero sí Estado Nación).

k) La izquierda española tiene que resolver mediante un gran debate su desorientación gravísima. De lo contrario desaparecerá como izquierda.

l) Los partidos de izquierda en Cataluña y el País Vasco pierden la batalla desde el momento en que quieren competir en términos nacionalistas. Traicionan a sus bases populares porque las amordazan con la ideología nacionalista conservadora y dañan a toda la izquierda española.

m) La mayor debilidad la demuestran vascos y catalanes cuando niegan la existencia de una «cultura española». Cuando Pujol dice que no tiene que ver con Cervantes, quiere cortar las vinculaciones de los catalanes con España al rechazar un legado común. Quizá lo consiga, de hecho se está produciendo un abismo cultural entre los catalanes y el resto de los españoles. Pero rechazados Cervantes, Quevedo y Santa Teresa, ¿hasta dónde llegará el sacrificio cultural de los catalanes? ¿Y qué les quedará a los vascos con similar política por parte de los nacionalistas vascos? Ni siquiera Loyola.

Pero no sería admisible que nuestro análisis quedara en una mera descripción del estado de la cuestión autonómica. Es preciso bucear en el oscuro reino de los nacionalismos, en su peligrosa debilidad, en su estrategia de la infidelidad, pero sobre todo es preciso averiguar por qué razones los nacionalismos han llegado a tener esta fuerza, por qué razones se produjo un vacío, una vez más, en nuestra historia que en buena medida justifica el fortalecimiento de los nacionalismos periféricos. Es necesario saber qué parte de responsabilidad hemos tenido en esa pérdida de la idea de Nación y en esa desnacionalización progresiva que hemos vivido desde finales del franquismo (no los términos orteguianos de insubordinación de las instituciones a una idea superior, aunque también ese tipo de desnacionalización se está produciendo en el Estado autonómico de otro modo). Es necesario saber por qué los demócratas y la izquierda abandonaron la idea de Nación que tuvieron nuestros republicanos, por qué razones han practicado un rechazo vergonzante de la idea de Nación como si estuviera reñida con la sensibilidad democrática y de izquierdas.

Pues bien, a mi entender, la clave está en la pérdida de la identidad nacional que se fue produciendo a lo largo del franquismo. La identidad colectiva que ahora reclama la derecha (una vez más por deserción de la izquierda) se dio precisamente porque la derecha autoritaria, el franquismo, llevó a España a una desfiguración, porque impuso la peor de las versiones de España, aquella contra la que habían luchado humanistas, erasmistas, ilustrados, arbitristas, liberales, institucionistas, anarquistas, socialistas y republicanos de izquierda.

Cuando Renan escribía que la nación se construye sobre la amnesia, se refería obviamente a los orígenes. Pero en España la desmemoria ha actuado sobre el presente, y así se dañó y trastrocó el legado quizá montado ciertamente sobre la amnesia. Así se ha dañado a la Nación y a la idea de Nación. Pero hay más: el franquismo llevó a la perversión de ese legado histórico y a la confusión sobre la Nación española. Mientras, los nacionalismos periféricos pudieron salvar su personalidad, incluso fortalecerla en la mitificación y su amnesia particular. Durante la transición se aceptaron las pautas que venían del franquismo. La izquierda no tuvo fuerza para rescatar de la tradición de la Nación española más que su capacidad para integrar los nacionalismos, como había hecho de dos formas distintas en el siglo XIX y en el XX. Salvó lo que pedían los nacionalistas más que lo que pedían las fuerzas de progreso, de izquierda.

Quizá si nos acercáramos a la vida pública cotidiana, a sus singularidades, podríamos entender más fácilmente qué ha pasado y está pasando entre nosotros. Por ello, en las próximas páginas voy a llevar al lector al vestíbulo del Museo del Prado.

1. Memoria e identidad

> Recuérdalo tú y recuérdalo a otros
> cuando asqueados de la bajeza humana,
> cuando iracundos de la dureza humana:
> Este hombre solo, este acto solo, esta fe sola.
> Recuérdalo tú y recuérdalo a otros.
>
> LUIS CERNUDA.

¿Quién es ese anciano a quien el Rey saluda tan afectuosamente mientras se remueve, un tanto inquieta ya, en el vestíbulo del Museo del Prado, la comitiva presidida por Jorge Semprún, ministro de Cultura? Le reconocerás enseguida si sustituyes mentalmente su abrigo beige de desfallecientes hombreras por la guerrera negra y la camisa negra de los primeros cuarenta. Tenía ya entonces Serrano Súñer el pelo completamente blanco. Se retrataba con Hitler. Y mientras aquel joven jurista, cuñado de Franco, «cuñadísimo» se le llamaba, ministro del Interior y ministro de Exteriores, quedaba deslumbrado por los desfiles nazis y soñaba días imperiales para la pobre, ensangrentada, suicida España, el joven Semprún Maura, que ahora le mira con curiosidad, pasaba días de terror en Buchenwald. El Rey era un niño exiliado.

Ahora, en el vestíbulo del Prado, el ex nazi y el ex comunista se cruzan miradas medio inquisitivas, medio familiares. La del Rey es confiada.

He querido, lector, que asistas a este encuentro porque me parece una buena situación para entender algunas de las claves de la sociedad española. Nadie diría, en este vestíbulo del Prado, que hasta hace bien poco los españoles no sabían resolver sus conflictos ideológicos sin recurrir a la violencia. Ahora bien, si analizamos el itinerario desde la guerra del 36 hasta hoy, no sólo tendremos que reconocer que está lleno de tortuosidades, sino que con frecuencia nos hemos dejado en sus recodos principios, criterios, recuerdos, de tal modo que la convivencia ha supuesto escamoteos y falseamientos metódicos.

He aquí, pues, un rey constitucional y parlamentario a quien puso en el trono un dictador; un ilustre abogado, autor con Franco de las primeras páginas totalitarias del régimen; el ministro de Cultura del Gobierno socialista, antiguo miembro del Comité Ejecutivo del Partido Comunista. Una reunión singular aunque no ciertamente para un español: aquí es cotidiana. Y si de las tres personalidades pasamos a la comitiva, la gama de contradicciones supera cualquier imaginación. Únicamente en los comienzos de la transición pudo llamar la atención la proximidad del policía y el torturado. Perdido el pudor, y después de un largo proceso de promiscuidades, arrepentimientos y oportunismos, todo ha entrado ya en la consideración de la normalidad.

¿Qué objetar a este encuentro? ¿Acaso no es una muestra formidable de capacidad para la convivencia? ¿Por qué contraponer ésta a la memoria?

Precisamente en este museo cuelga aquel cuadro espeluznante de Goya en el que dos contendientes se han medio enterrado para no escapar a los golpes del contrario y ni siquiera poder renunciar a la propia libertad de dejar de golpear. Este cuadro, en el que el pintor predijo lo que iban a ser los dos últimos siglos españoles, queda ya como un mal recuerdo. ¿Habremos corregido el destino trágico de nuestra historia?

Volviendo al vestíbulo del Prado, uno comienza a sospechar que la estabilidad que refleja la estampa de estos notables no es tan segura o, al menos, tan fecunda. Lo que puede intranquilizar no es la confluencia de personas contrarias, sino que los españoles hayamos montado la convivencia sobre la desmemoria o sobre el sacrificio del pasado. La tolerancia de la sociedad española comienza a parecer un tanto dudosa cuando uno advierte que no es el resultado de una confrontación inteligentemente resuelta, sino del desprecio por las ideas y por el lenguaje. Desazona comprobar en esta comitiva del Prado la desvergüenza del antiguo censor que ahora, en la democracia, denuncia déficit en la libertad de expresión, o la del escritor conformista y estetizante que se ha convertido en un fiscal implacable de la democracia. Me temo que hayamos pasado de un sentido conflictivo de la vida al imperio de la impostura y del descreimiento.

La transición de la dictadura a la democracia se llevó a cabo sin una depuración crítica del franquismo. Con toda razón el profesor Castilla del Pino propuso la creación de un museo del franquismo que recogiera la represión, la censura, las torturas... La iniciativa cayó en el silencio porque no convenía a nadie. Había que olvidar.

A partir de ahí la democracia iba a nacer con una moral ambigua: el criterio decisivo ha sido la supervivencia. Nunca un pueblo tenido por quijotesco ha podido ser más pragmático. Hoy lo es hasta la náusea. El único contraste es el mercado, la audiencia, los gustos del público. Cuando siempre habíamos pecado de falta de realismo, ahora nadamos en el pragmatismo. Amnésicos, desorientados, desnortados, intransitivos..., los españoles ni siquiera nos reconocemos en España.

Así que esta reunión, feliz por muchas razones, ha sido conseguida a costa de la memoria, lo cual ha supuesto sacrificios en la identidad nacional.

La monarquía y el pueblo

En primer lugar, el Rey: fábula en vida, objeto de mitificación por la cuenta que le ha tenido a la democracia española. Don Juan Carlos, cuya devoción tenía residencia en el destierro de

Estoril y cuya obligación estaba en El Pardo, representa bien la figura del componedor necesario para una sociedad rota por la guerra civil. Sin duda, la actitud de su padre, don Juan, habría sido una mayor garantía para la memoria histórica, pero quizá por lo mismo no pudo ser Rey.

En una entrevista que concedió a una periodista británica, el Rey confesó que no le gustaba que en su presencia se criticara la figura de Franco, ya que éste fue quien «le había puesto en el trono». ¿ Por qué este reconocimiento de Franco? ¿Acaso el Rey no debe el trono al pueblo español, legitimador del proceso? Y es preocupante que para una mayoría de españoles no constituya problema alguno que la monarquía pueda ser interpretada como una derivación del régimen de Franco. Si la restauración de la monarquía se hizo por los procedimientos diseñados por Franco, y con la anuencia del Príncipe frente a los designios de don Juan, deberemos convenir que el Rey Juan Carlos fue en principio un instrumento de Franco. Que revelara astucia para desatar lo atado no niega lo anterior.

Nunca me ha parecido tan grave el itinerario tortuoso, plagado de claudicaciones, que media entre la dictadura y la democracia, cuanto la incapacidad para reconocerlo; esto es, para reconocer en qué momento queda legitimado el proceso y por qué. Las perversiones de nuestra vida pública se deben a la confusión de criterios.

Así pues, el Rey fue sincero al decir lo que dijo a la periodista inglesa («Franco fue quien me puso en el trono»), pero ello no le exime de añadir que tal procedimiento no habría bastado para convertirle en Rey constitucional, ya que él, como demócrata, no habría podido aceptar un proceso dinástico garantizado por un dictador. Y no es excesivo aspirar a que la máxima institución del Reino deje claro que condena la dictadura franquista. Los fundamentos de la democracia no pueden ser la voluntad de Franco, sino la voluntad del pueblo. De lo contrario la monarquía no podrá ampararse en ésta el día en que lo necesite ni el pueblo estará obligado a reconocer en ella una creación propia y democrática. Pero hay más, si la monarquía ha funcionado extraordinariamente bien como máxima institución del Estado, no ha sido capaz de revitalizar el concepto de Nación española. ¿Por qué? Porque éste debería haberse creado a partir de una confrontacion teórica con el franquismo y como alternativa a éste. La transición, por el contrario, se tomó como una salvación del Estado mientras se dejaba naufragar la idea de Nación. ¿Por qué? Porque ésta no se hace con arreglos y manipulaciones, no se mantiene con pactos partidarios, es algo más que unas instituciones, es un cúmulo de convicciones, de criterios, es una comunión en el pasado, es una idea de solidaridad y un sentimiento incluso de debilidad colectiva.

Durante la transición se abandonó la tarea de recuperar la idea de Nación como si ésta perteneciera al patrimonio franquista y no se recabó en la otra Nación plural y democrática de la República, de tal modo que los nacionalismos se hubieran reconocido en ella. Por esto mismo, la idea de Nación que aquí preconizo frente a los nacionalismos pasa por una recuperación teórica.

El Rey demostró su voluntad al integrar el pasado republicano a través de algunas personalidades políticas y de algunos actos simbólicos. Fue un comienzo de la reconstrucción del concepto de Nación. Queda una gran tarea y la Corona es instrumento insustituible.

Serrano Súñer o la impostura

El segundo personaje de la cabecera de la comitiva que acompaña al Rey es Ramón Serrano Súñer.

Este caballero de pelo blanco y porte elegante que quiso ser versión mussoliniana en la España de los treinta y cuarenta, ha intentado con bastante éxito que se haya desdibujado su papel fundamentalísimo en la construcción del fascismo español y casi ha llegado a aparecer como un político castigado o discriminado por el franquismo. El historiador Tusell ha tenido que demostrar documentalmente lo que todos sabíamos: que fue responsable de la ascensión de Franco hasta la Jefatura del Estado, así como de la definición del Régimen. Este hombre de contextura quebradiza fue el redactor del texto clave que puso en manos de Franco el control de los resortes políticos e institucionales: el Decreto de Unificación de falangistas y tradicionalistas. Escribe Tusell: «Cuando Serrano presenta en sus memorias al régimen como a una dictadura personal, tiene toda la razón, pero pretende olvidar que fue uno de sus relevantes autores; cuando habla de la implantación de un poder civil, parece olvidar que éste no era el de un Estado más, sino el de un régimen fascistizado» [1].

Con razón insiste en este punto Tusell, ya que la audacia política de personajes como este, conscientes del desarme ideológico de la sociedad española, ha llegado al punto de presentar como normal el fascismo.

La imposibilidad de hacer crónica del régimen en los primeros años, la complicidad de ciertos historiadores, la colaboración generosa de algunas personalidades que habían ido dejando el franquismo por posiciones democráticas, la desvergüenza de los propios protagonistas... han determinado que en ocasiones hayan tenido credibilidad «Memorias» fraudulentas como las de Serrano Súñer. En este país de gran pudor para descubrir intimidades, existe el mayor impudor para falsear la memoria obvia, externa, ya bien de todos. Y así el profesor Seco Serrano ha explicado a propósito de la cuarta autobiografía de José María de Areilza[2] la táctica de algunos políticos, que consiste en escribir sucesivos libros

---

1 Javier Tusell, *Franco en la guerra civil,* Barcelona, Tusquets, 1992.
2 Carlos Seco Serrano, «Al hilo de unas memorias», *El País,* 23 de febrero de 1993.

autobiográficos para remodelar lo escrito anteriormente gracias a las nuevas miradas hacia atrás. No obstante al lector sagaz las distintas versiones no le impiden «calar» al personaje, ya que éste termina descubriéndose en aquello que con sospechosa insistencia trata de encubrir. «Pienso —dice el profesor— en el caso de Serrano Súñer y las sucesivas reconstrucciones de su trayectoria política; primera y segunda edición de *Entre Hendaya y Gibraltar, Memorias, Conversaciones con Heleno Saña.* El único propósito obsesivo de estos memorialistas es disimular su biografía.»

De dar crédito a políticos como Areilza o Serrano llegaríamos a quedarnos con Franco como único responsable. El siguiente paso sería el descargo de éste, como pudimos comprobar por las «celebraciones» del centenario de su nacimiento. ¿Qué vitalidad puede tener una democracia cuando se admite el tratamiento de Franco y de la Dictadura como una variante normal de nuestra vida pública? Por otra parte, ¿qué podíamos esperar? ¿Acaso el dictador no murió en la cama? ¿Acaso la oposición real, la operativa, no era una pequeña minoría? ¿Por qué escandaliza a muchos españoles que la democracia chilena no eliminara de la jefatura del Ejército de Tierra a Pinochet después de dieciocho años, cuando nosotros no conseguimos echar de la Jefatura del Estado a nuestro Pinochet en cuarenta? La desmemoria española es tal que cuando queremos hablar de caudillismo nos referimos a Hispanoamérica.

En todo caso, la democracia española debería haber intentado una labor de clarificación respecto al pasado: una depuración crítica del pasado franquista y una valoración de los sufrimientos del pueblo. No se entendió que la vitalidad de nuestra vida democrática dependía en buena medida de la recuperación de la memoria.

La eternidad del régimen de Franco iba a permitir tales evoluciones personales, tantos pactos, tantas complicidades, que suscita algunas insólitas cuestiones relacionadas con la ética, con la política y que tienen repercusiones en la identidad nacional. Si fuera por testimonios como los de Serrano o Areilza habría sido imposible reconstruirla. Con razón el último de ellos ha definido así la lengua: «es un espacio espiritual de las almas y envuelve con su túnica de pensamiento y sentimiento el perfil de nuestra identidad»[3].

En cambio, los testimonios de Laín Entralgo o Dionisio Ridruejo han servido tanto para reconstruir en buena medida aquel tiempo de destrucción, como para explicarnos su propio drama. Aun así no han dejado de imprimir un sesgo deformador también a la realidad. En primer lugar, los arrepentidos del régimen de Franco se apropian de la oposición, la monopolizan de tal modo que los vencedores terminan por cubrir toda la realidad, tanto la buena como la perversa: la oposición y Franco. El Alzamiento dio para todo. A los exiliados bastaba con invitarles a volver. Respecto a la España republicana, mejor olvidarla. Por otro lado, Dionisio y Laín al salvarse ellos quisieron salvar a una cierta Falange —a un cierto fascismo— como movimiento puro e idealista. Los tradicionalistas, a su vez, tuvieron también sus Hedillas. Laín Entralgo se justifica a sí mismo y a su grupo —después de haber descargado la conciencia— al explicar Falange como una excepción cultural: «He pertenecido con alguna notoriedad a la Falange. Todos lo saben. Lo que no saben todos es que desde 1936 y durante varios años la Falange, en medio de la cerrada y vehemente hostilidad contra el pasado inmediato de España de que entonces hacían gala y granjería las restantes partes del Movimiento, fue entre nosotros, paradójicamente, el único reducto de una actitud que acaso no sea ilícito llamar "liberalismo intelectual". Por lo menos la fracción del falangismo en que yo figuré»[4]. Por fin, el propio Alzamiento contra la República es justificado por estos políticos ya demócratas.

---

[3] José María de Areilza, *A lo largo del siglo: 1900-1991*, Barcelona, Planeta, 1992.

[4] Pedro Laín Entralgo, *Descargo de conciencia. 1930-1960*, Madrid, Alianza Editorial, 1989.

¿Es necesario repetir que a uno no le mueve afán vindicador alguno y ni siquiera el imperativo de restaurar la verdad (trabajo de los historiadores), sino el de señalar y valorar las consecuencias que haya podido tener la manipulación de la crónica y la pérdida de la memoria respecto a la experiencia de situaciones monstruosas que no deberían repetirse? Porque la confusión sobre los personajes históricos y sus perfiles morales no deja de tener consecuencias en la realidad. Las tiene y graves. La facilidad para la impostura ha sido tal que Serrano Súñer se permitió escribir un artículo durante la guerra del Golfo en el que defendía la no injerencia de España basándose en la tradición pacifista española en las dos últimas guerras mundiales. Naturalmente, la autoría de la no intervención durante la Segunda Guerra Mundial se la achacaba a sí mismo como pacifista de toda la vida. De este modo, en un momento conflictivo de la vida española, un viejo fascista se ponía de ejemplo a sí mismo y proponía como ejemplo la política del general Franco. Y como el oportunismo no tienc límites, el artículo de Serrano Súñer supo a gloria entre ciertos sectores de la izquierda comunista. De este modo venían a dar la razón histórica a Serrano Súñer y, sin darse cuenta, a quitársela a sus camaradas de las cárceles de Burgos, el Dueso, el penal de El Puerto de Santa María...

Se ha investigado mucho en la compleja sucesión de pactos que constituye nuestra transición a la democracia, pero ¿acaso no comienza aquélla mucho antes: desde las propuestas comunistas del Pacto por la Libertad, Munich, la política de reconciliación, mesas democráticas, etc.? De toda esta larga serie de transacciones me interesa lo que va quedando de ellas en el fondo, escapando a la crítica, a la investigación. La Historia que vamos perdiendo. Cada grupo que se desgaja del franquismo tiene el precio de unos silencios, cada paso que avanza la izquierda tiene un coste. Hay un intercambio de recuerdos, de datos, de responsabilidades. Se rompen las fotos.

Y por ahí se nos ha ido nuestra identidad. Se nos ha ido la Nación. Mientras, los nacionalismos no tuvieron que pactar su pasado, sino, en todo caso, exaltarlo. Deformarlo para exaltarlo. A medida que la mítica franquista cedía, y cedía también en paralelo la mítica republicana y liberal —porque todo ello respondía a un pacto implícito—, surgía la mítica nacionalista catalana y vasca.

De este modo la oposición fue saliendo del pozo, pero a costa de dejar en el fondo su patrimonio más valioso y, lógicamente, también se facilitó el olvido de la represión, de la censura, del dirigismo, de la violación de las conciencias y, cómo no, de los datos biográficos de los protagonistas. Quedó definitivamente comprometida la verdad, aquella que permite vivir de forma digna y coherente la censura, por los silencios. Si un pueblo es historia de solidaridades, la definición del nuestro está recortada. La naturaleza del propio régimen franquista había ido pasando de «totalitario» a «autoritario» y finalmente al «régimen anterior». Y Felipe González se subió al *Azor,* el simbólico yate del Caudillo. En esta progresión se ha llegado al atrevimiento de exculpar a la dictadura e inculpar a la democracia: José María Aznar afirma constantemente que hay más corrupción en el sistema democrático que en el régimen de Franco, sin caer en la cuenta de que una dictadura es un régimen corrupto por definición.

Hans Magnus Enzensberger ha planteado una sustanciosa ucronía a partir de una conversación que mantuvo en 1985 con un alemán instalado en España desde 1935[5]. Si Hitler, dice éste al escritor, se hubiera limitado a sojuzgar, encarcelar y liquidar a sus propios compatriotas, el revuelo que armó en todo el mundo se habría mantenido en unos límites razonables y el régimen nazi habría llegado a ser inamovible hasta el punto de que Hitler hubiera podido morir en la cama. Como Franco. Un posible sucesor de Hitler habría podido llegar a liquidar el régimen y de este

---

[5] Hans Magnus Enzensberger, *Europa, Europa,* Barcelona, Anagrama, 1989.

modo los alemanes no habrían sabido qué hacer con su locura colectiva, su alma nórdica, la idea de superioridad de la raza aria... En todo caso, y a pesar de las diferencias —prosigue el interlocutor de Enzensberger—, «el resultado viene a ser bastante similar, ¿no le parece? Chicos modélicos en Bonn, chicos modélicos en Madrid. Gente ilustrada, liberal, europeos convencidos, libertad de prensa, escaparates llenos e iglesias vacías. Algún resto oscuro del que ya nadie quiere saber nada...».

Pero la ucronía planteada muy justamente por el emigrante alemán en Madrid puede dar más juego: ¿Acaso un alemán podría haber imaginado en 1940 una charla amistosa, incluso la colaboración política entre Goebbels, pongamos por caso, y Willy Brandt? Tal se ha dado en España. Más aún, ¿podría haber imaginado un alemán que un teórico del nazismo siguiera siéndolo de la socialdemocracia o el liberalismo alemán en la década de los ochenta? Este milagro se ha dado en España. Ahora bien, ¿habría sido posible una crítica del pasado nazi si colaboradores de Hitler, sucesivamente arrepentidos, hubiesen llegado a ocupar cargos importantes en CDU, el SPD o en la vida cultural alemana después de la restauración de la democracia? ¿Acaso habría sido posible una idea democrática de Italia si no hubiera habido ruptura con el fascismo? ¿Habrían podido los comunistas italianos llevar adelante esa idea nacional de Italia, que es lo único que queda, cuando se les ha desplomado el Estado?

La ucronía plantea agudos problemas de tipo moral: en el caso de que los aliados hubieran cortado el franquismo en el año 45, ¿habrían sido condenados, en algún caso, como criminales de guerra intelectuales y políticos que fueron franquistas y veinte años después demócratas? ¿Ponemos nombres a estas personalidades?

El autor acepta la historia y las oportunidades que ofrece. Lo que le intranquiliza es que la relevancia de ciertos escritores e intelectuales en otro tiempo franquistas haya impedido una elucidación de nuestra historia. Lo que a uno le intranquiliza es que la cadena de compromisos haya obligado a la izquierda a ir reculando en sus reivindicaciones de todo tipo: desde la de investigar la historia más inmediata sin los condicionamientos de los «maestros», a la defensa de una ética basada en la coherencia y suficientemente intransigente como para impedir las imposturas.

Semprún o la memoria engañosa

Si Serrano Súñer ha sido la representación de todo lo que la democracia ha consentido de forma acrítica y que ha dificultado la sustitución de una idea de España por otra, Jorge Semprún simboliza la incapacidad de la izquierda para llevar a cabo una tarea de clarificación teórica y de reconstrucción política.

Este escritor y político tiene la rara grandeza de acumular más que ningún otro las contradicciones y la desorientación de una gran parte de la izquierda. No sólo es desmemoriado, sino agresivo desde ese defecto: achaca a otros aquello de lo que debería arrepentirse él mismo. Busca estalinistas en el pasado sin dar nunca consigo mismo y rompe todos los espejos que piensa que pueden recordárselo. Sus libros no son piezas fiables para la Historia. Sin duda habría sido preferible una autobiografía de Jorge Semprún a la de Federico Sánchez, es decir, una autocrítica más que una crítica de Carrillo *et alii*. Su caso es más grave que el de aquellos que disimulan y ocultan pasajes de su vida. Semprún se oculta él entero para demonizar a los demás. La crítica del estalinismo habría sido eficaz y fecunda si hubiera comenzado por él mismo, que escribió aquel poema a Stalin y que comenzaba así: «Se nos ha muerto el padre, el camarada / se nos ha muerto el Jefe y el Maestro...» Si hubiera descendido a su propio infierno estalinista, habría podido criticar después las deformaciones éticas y estéticas de sus camaradas, oscuros o no, y en ese caso lo habría hecho de otra manera y no le habría sido tan fácil trasladar su dogmatismo al fundamentalismo neoliberal que le caracterizó como ministro de Felipe González. Esto es, no habría pasado de un dogmatismo al otro y nos habría sido útil su paso por el Mal. También habría sido más fecundo literariamente.

Su desmemoria favorece la de la derecha: la complementa. Para ello, Jorge Semprún tiene un sicario: Federico Sánchez. Sánchez está para lo que diga Maura, para cargar con las culpas del señorito, para defender a éste de los ataques. Maura es capaz de humillarse mientras le tapa con la capa Sánchez.

La otra contradicción de Semprún es su desorientación política, que le lleva también a la destrucción de cualquier espejo que le devuelva su disloque. Habiendo evolucionado hacia el fundamentalismo neoliberal, tuvo la audacia de aceptar una cartera en un Gobierno «socialista» para tener que escandalizarse después de que algunos siguieran siendo socialdemócratas. Entró en el Gobierno como Semprún y salió como Sánchez.

El paso de Semprún por el Ministerio de Cultura —esto es, de un político refractario a toda intervención en la cultura a no ser que se trate de la francesa— sería irrelevante si no fuera porque revela el desdén de González y del Partido Socialista por la cultura como instrumento para la realización de las personas y para la formación de un concepto de Nación. En unos momentos en los que hubiera sido de todo punto necesario alimentar la cohesión española con elementos culturales, se entrega el Ministerio —justamente odiado por los nacionalistas— a este dogmático del neoliberalismo, para quien es muy correcto que los franceses defiendan su identidad cultural y sus industrias culturales mientras considera que el español no puede mantener esas posiciones, propias de un nacionalismo de izquierdas. En todo caso, el culpable de que Semprún haya sido ministro de Cultura ha sido González.

El PSOE, que tiene un sentido elemental de los peligros de disgregación territorial y que se considera a sí mismo garantía de la cohesión, no es consciente de la necesidad de una reconstrucción de la idea de Nación como lo son en Francia Chevenément o Mitterrand..., los descendientes de Jaurés. Para los socialistas, para la izquierda española en general, la idea de Nación tiene el sambenito que le colgaron los progresistas en los setenta. Por lo mismo Felipe González no imagina la trascendencia social y política de la cultura. Le pareció adecuado el nombre de Semprún como relaciones públicas para Europa, porque no concibe que la cultura pueda suponer una posibilidad de cohesión muy superior a la pertenencia circunstancial a un partido estatal. Así que si se equivocó de persona, se debió a que no conocía las posibilidades de la política cultural como correctora de los déficit de nuestra identidad colectiva. Pujol sí los conoce; los nacionalistas vascos también. Sencillamente, la Moncloa desconsidera la necesidad de una identidad nacional.

La destrucción del pasado

Sin duda alguna, la manipulación del pasado según los intereses del momento ha sido una de las constantes españolas. Se ha apelado a una determinada interpretación para justificar el presente. Y quizá a esta perversión recurrente se han debido algunas de nuestras desgracias colectivas. Al menos así lo piensa Francisco Ayala: «En verdad, todo nuestro mal consiste en la falsificación de nuestro ser histórico: nuestras actitudes son artificiales y reflejas; nos cargamos de ajenas preocupaciones; fingimos problemas a problemas fingidos...»[6]. En esta especie de complicidades con la Historia, Antonio Machado hace una opción cuando dice: «de toda la memoria, sólo vale / el don preclaro de

---

[6] Francisco Ayala, «Razón del mundo», en *Hoy es ya ayer,* Editorial Moneda y Crédito, Madrid, 1972.

evocar los sueños». Ahora bien, si la selección de la Historia ha determinado sesgos que no han dejado de tener consecuencias en el presente, ¿qué decir cuando la memoria se impide mediante la destrucción de la crónica como hizo el franquismo? Sencillamente, el franquismo impide la crónica, y al impedir la crónica deja al futuro sin armas para reconstruirlo. Hoy mismo es difícil rescatar la vida española a partir de la guerra. Ello explica también que la crónica hubiera de hacerse desde fuera.

La destrucción de la memoria a lo largo de medio siglo ha tenido efectos tan devastadores que se ha impuesto como conclusión el descreimiento, el cinismo. El principio de realidad es la convivencia. La sensación de malestar que produce la sociedad española y que se desprende de la comitiva que acompaña al Rey a la entrada del Museo del Prado, se debe a la inexistencia de valores, al desprecio por la coherencia, a la exaltación del pragmatismo, a la aceptación acrítica de la realidad.

En esta operación de cirugía de la memoria colectiva, que comenzó en la misma guerra civil y que duró décadas, iba a quedar eliminada la identidad democrática de España, y no se hizo nada para recuperarla en el período que hemos dado en llamar Transición a la Democracia. Para llegar a la convivencia de hoy se dejó en los recodos de la memoria el nombre de Azaña, la moral republicana, la España laica... Quedaba la identidad de la España de Franco y sobre su herencia fue sobre lo que se pactó. La transición y la transacción se hicieron a través de esa realidad. No podemos olvidar que la amnistía que se reclamó ¡a los cuarenta años del régimen! se pidió para los vencidos, a los que, por otra parte, venía a dar la razón la restauración del régimen democrático. Esto es, después de cuarenta años reconocidos «teóricamente» como un error histórico, el poder político seguía apareciendo con suficiente legitimación como para discernir sobre la oportunidad de una medida como la amnistía a los vencidos. Esto indica hasta qué punto llegó la postración de la izquierda y hasta qué extremos iba quedando desfigurada la identidad española. A lo largo de cuarenta años, y con la ayuda de los demócratas, se había llegado a crear una naturaleza de España distinta. Es decir, el triunfo de Franco consistió en conseguir que la España de los cuarenta años sirviera como punto de referencia para cualquier opción y que, al tiempo, se descartara cualquiera otra que pudiera tomar la anterior como dato.

Todo ello hacía urgente un debate que no se ha dado, y ello explica que el nacionalismo catalán y vasco hayan quedado liberados de estos enjuages morales y de este desconcierto político. La desnacionalización que sufrió España durante el franquismo y la transición a la democracia se debió, en gran medida, a la pérdida de la identidad que comenzó con la censura, con la imposición de una dogmática unitarista, con la invención de la historia, y fue rematada por los progresistas incapaces de comprender la fuerza operativa de la identidad nacional.

¿Puede sobrevivir un pueblo con tan sólo el diez por ciento de su legado cultural?, se preguntaba ante la cámara de televisión una muchacha bosnia. Destruidas las bibliotecas de Sarajevo, convertida en humo casi toda su memoria escrita, los bosnios ¿podrán sobrevivir como tales? El reportaje de Bernard Henri Levy sobre Sarajevo evocaba la defensa de Madrid, y yo me preguntaba frente al televisor cuántos espectadores españoles habrían podido entender la alusión y a cuántos les habría interesado realmente. ¿Dice algo la expresión «defensa de Madrid» a muchos españoles? Hasta tal punto nuestro pasado ha llegado a sernos ajeno. Los bosnios, dentro de unas décadas, ¿tendrán tan poca idea de los sufrimientos que padecen hoy como los españoles de los suyos de hace medio siglo? Sobrevivirán, pero ¿cómo?

Y nosotros, los españoles, ¿cómo hemos sobrevivido? Difícilmente podía ser transmitida la idea de España que fue conformándose entre el 98 y el 36.

La reflexión que abrió la generación del 98 —la primera en

tener conciencia nacional y propósitos de intervención— iba a culminar en el pensamiento depurado, brillante, sintético de Manuel Azaña. De la indagación en el paisaje, en la Historia y en los clásicos, de aquel intento de arrancar una respuesta a la esfinge, iba a surgir el grito dramático de Ortega: «Dios mío, ¿qué es España?, esta España, este promontorio espiritual de Occidente, esta como proa del alma continental.» Se cobró conciencia de España: de su personalidad y de su pluralismo, y se entretejió un diálogo fecundo entre los intelectuales castellanos y catalanes; a partir de la idea de Nación se comenzó una reestructuración del Estado. Nunca la aproximación entre las culturas regionales llegó a momentos tan expresivos de lo que son indicadores el cruce de cartas entre Maragall y Unamuno o el viaje de intelectuales castellanos a Barcelona en desagravio de los ultrajes de la dictadura de Primo de Rivera a la lengua catalana. Fue todo un camino de inteligencia y de acción política que desembocó en ese flujo grandioso que fue el discurso de Manuel Azaña sobre el Estatuto de Cataluña. La tragedia de nuestra guerra, una de cuyas causas fue sin duda la confrontación sobre la solución del problema nacional-regional («consecuencia extrema del tan debatido problema de España», según Ayala), debería ser tenida en cuenta en las tareas actuales de construcción del Estado autonómico.

En los momentos dramáticos los pueblos interrogan al pasado, buscan las respuestas en su propio comportamiento, indagan sobre sus propias capacidades, incluso sobre sus perplejidades históricas. España lo hizo a la luz crepuscular del Imperio y a la luz agónica de la guerra civil de 1936-39.

La angustia, la extrema menesterosidad propia del exilio, indujo a los intelectuales a buscar una explicación a la hecatombe de la guerra civil. Críticos literarios bucearon en los clásicos para encontrar una respuesta, historiadores quisieron descubrir unas constantes que dieran sentido a un español esencial y trascendente. «La conmoción fue tal —ha escrito Vicente Lloréns— que la guerra civil fue suficiente para quebrantar en no pocos españoles ideas y creencias.» Bosch Gimpera, por su parte, reclamaba la reconstrucción del pasado: «Es preciso llegar a esa reconstrucción de nuestro pasado sin pasión ni prejuicios, no proyectando en los momentos históricos pretéritas ideas frutos de tales prejuicios... ¿No es igualmente una deformación de la historia de España —que conduce a una visión errónea y fatal para la inteligencia de sus problemas modernos y eterniza su proceso constitucional envenenado por incomprensiones, resentimientos y complejos de superioridad o inferioridad— reducirla a la de determinadas formaciones estatales, prescindir prácticamente de otras y casi siempre de la verdadera historia de los pueblos?»[7].

Mientras en el «interior» se trucaba la Historia, en el exilio nuestros historiadores se empeñaron en la búsqueda de las razones que habían podido conducir a España a la última catástrofe. «El exilio se le escapó a Franco, no pudo controlarlo como Hitler»[8], ha escrito Carlos Fuentes. Gracias a las visiones de Américo Castro y de Sánchez-Albornoz —tan distintas y ciertamente tocadas de dramatismo, como escribió Vicens Vives (aunque «oro molido»)— se llegó a aproximaciones tan distintas como fecundas. «El fenómeno de la guerra civil era tan tremendo ya de por sí que estaba exigiendo una revisión de toda nuestra historia, un preguntarse por el ser de España —ha escrito Jiménez Lozano— y Bataillon había visto muy bien cómo Castro, desde su situación existencial personal, se lanza a la búsqueda del gran problema de España, de las razones y la verdad que obraron en esa situación existencial»[9].

Ayala, Marichal, Bosch Gimpera, Castelao, Carretero, la revista *Galeuzca* (Galicia, Euskadi, Cataluña), iban a llegar a ciertas aproximaciones con la meditación que en el interior hacían

---

[7] Pere Bosch Gimpera, *La España de todos,* Seminarios y Ediciones, 1976.

[8] Carlos Fuentes, *El espejo enterrado,* México, Fondo de Cultura Económica, 1992.

[9] Marcel Bataillon, *L'Espagne religieuse dans son histoire,* citado por José Jiménez Lozano en «El aporte del profesor Américo Castro a la interpretación del sentimiento religioso español», en *Estudios sobre la obra de Américo Castro,* Madrid, Taurus,

los convertidos del fascismo (Ridruejo, Laín, Tovar), pero en todo caso nada de esto podía tener una influencia normal en aquella sociedad, tan dominada por la censura que ni siquiera hoy es posible reconstruir la crónica.

Por esta razón, Unamuno, en vísperas de su muerte, corrige la versión de las dos Españas para decir en los escalofriantes apuntes de *El resentimiento trágico de la vida* que es una sola España que se suicida: «No son unos españoles contra otros —no hay anti-España—, sino toda España, una, contra sí misma. Suicidio colectivo»[10].

¿Y cómo no iba a ser suicidio esta obsesión por matar hechos, fechas, autores, libros, costumbres? ¿Y qué mejor prueba de la patología española que la tardanza de la aparición misma de este libro: cincuenta y cinco años, del 36 al 91? ¿No es acaso la ilustración mejor de aquella imposición de silencios que iba a convertirse en miedo estructural y estructurante? Una sucesión de temores, primero a los inquisidores, después a los exegetas, llevó a los descendientes de Miguel de Unamuno a sustraer este texto lucidísimo, revelador del estado de ánimo del ex rector de Salamanca, vigilado policialmente desde su enfrentamiento con Millán Astray.

Los españoles hemos ido sobreviviendo con algo peor que un legado reducido: un patrimonio trucado y la prohibición de la crónica. ¿Y qué ha sido de nosotros? Si la deformación no sólo nos ha afectado a cada uno y al colectivo y a la propia identidad española...

Sin duda, una de las consecuencias más graves ha sido no ya la imposición de los silencios y el asalto constante a la memoria impuestos por los vencedores durante varias décadas, sino los silencios queridos, los olvidos voluntarios procedentes ya de la propia izquierda, de los propios demócratas, de quienes luchaban contra

---

[10] Miguel de Unamuno, *El resentimiento trágico de la vida*, Madrid, Alianza Editorial, 1991.

el franquismo. Este punto es sustancial, a mi entender. El camino hacia la democracia pasaba por la reconciliación y ésta por un pacto sobre personas y hechos que terminó por utilizar nuestra historia, travestir personajes, episodios. Y que ha sido nefasto para el mantenimiento de los criterios, ya que estos mismos entraron en el trueque, entraron en el pacto por las libertades, por la reconciliación. Son costes muy anteriores a la transición política. En la transición, sobre la que tanto se ha escrito, se concretan políticamente y en las libertades toda una serie de cesiones y concesiones sobre el pasado, sobre los programas, sobre la participación de cada uno en la Historia. Pero este pacto explícito de ambas debilidades tiene toda una historia menos clara, menos controlable, durante la oposición al franquismo. Y es en esa etapa, obligadamente oscura y apostólica y sin espacio para los matices, cuando se produce el asalto definitivo a la identidad española, a la propia España.

Después de cincuenta años siguen surgiendo espectros que interpelan a la sociedad española y se confirma, una vez tras otra, que aquélla no dispone de instrumentos intelectuales y morales para enfrentarse de modo coherente con ellos. Hoy es una reedición, como la de *Madrid, de corte a checa,* de Agustín de Foxá, ayer la conmemoración del aniversario de Franco, anteayer... La anormalidad con la que ha tenido que moverse el pensamiento crítico determina esta incapacidad para encajar correctamente hechos turbadores que surgen del pasado como fantasmas.

Si el espejo en el que se miraban los españoles en los años treinta era ya una superficie cuarteada, el que quedó después de la guerra civil estaba hecho trizas. Los intentos de recomposición de esa superficie en la que mirarse y reconocerse y con la cual orientarse (en definitiva, en esto consistió sustancialmente la resistencia cultural), no pasaron de tener un alcance minoritario. La sociedad había quedado desanclada, expuesta a todo tipo de interpretaciones, de manipulaciones, de travestismos. Un reino para el oportunismo. A pesar del tiempo transcurrido, de la larguísima convalecencia colectiva, la lenta y tortuosa recuperación del terrible trauma de la guerra, uno advierte las consecuencias de las lesiones, de los daños a la memoria. Esto es lo que explica comportamientos únicamente conocidos entre nosotros, singularidades de nuestra vida política y cultural. Sin este mal de origen uno no puede entender que algunos escritores hayan minusvalorado la acción de la censura en su propia obra o en la de otros. Sin este mal de origen no se puede entender que en España algunos intelectuales cubran sucesivamente y sin rubor alguno etapas distintas, contradictorias, sin sentir la necesidad de explicarse ante los seguidores, ante el público. La desmemoria ha llegado a ser un aliado para todo. Se cuenta ya con el olvido de forma sistemática. Incluso contrastar hechos con el presente está considerado de mal gusto, una vindicación. Sin este mal de origen, uno no puede entender el fervor crítico de ciertos intelectuales ante el sistema democrático cuando tan mudos estuvieron con el franquismo. Una red de compromisos e intereses creados ha colaborado con el silencio y la desmemoria preconizada desde los primeros momentos del franquismo. Los compañeros de viaje de la desmemoria son numerosos. Sin este mal de origen uno no puede entender que el colaboracionismo con el franquismo no haya sido expuesto en cada caso como hubiera correspondido en cualquier otro país. Perdidas las señas de identidad del país todo, ¿por qué empeñarse en reconstruir las de cada cual? ¿Por qué juzgar a cada cual, a no ser que se tenga una mente policiaca o inquisitorial, si hemos sido tan laxos y benevolentes con el colectivo?

Nuestra vida colectiva, especialmente la cultural, está plagada de singularidades si la comparamos con las de nuestro entorno. Son rarezas de un país que ha soportado cuatro décadas de persecución de los espíritus, de doblegamientos, de anuencias y colaboraciones vergonzantes. Cuatro décadas con mala conciencia en excesiva gente. Que nadie recuerde nada, que es peor. La obsesión por olvidar el pasado de los demás ha sido tal y algo tan conseguido por los vencedores que incluso a creadores sensibles y demócratas les ha parecido de mal gusto, algo vulgar ya, tocar el tema de la guerra y del franquismo en películas o novelas. Aquí hubiera sido mal recibido un Primo Levi. Aquí no hay conmemoraciones de Buchenwald y apenas nadie sabe citar un solo campo de concentración de la posguerra. Aquí no se recuerdan las efemérides nazis, los crímenes fascistas, porque ha habido un implícito pacto de silencio desde siempre. Porque aquí ha habido un consenso de silencio y una complicidad. Una *omertá* casi, es decir, un trato sobre lo que hay que callar. Porque ¿acaso ha sido tan abundante el tema de la guerra civil en nuestra narrativa y tan excelsamente tratado como para decir basta?

De la memoria rota no se puede esperar sino una conciencia rota. De un espejo trizado es difícil deducir una realidad no fragmentada. La vida nacional española ha acusado la falta de referentes, el colectivo imaginario español ha carecido de la comunicación, la integración de conciencias, la cohesión de las convicciones...; un manicomio en el que cada enfermo llevaba su trocito de espejo. La fragmentación de imaginarios que hoy aparece disimulada con la formación de una cultura común derivada de la televisión. Y por supuesto, este patio de obedientes ciudadanos está regido por un principio de realidad que mantiene la homogeneidad aparente, esto es, relativa. La desaparición de la memoria colectiva, la falsificación del pasado, han impedido una coherencia interna profunda, se mantienen compartimentos estancos, parcelas opacas de la realidad, parcelas intransitivas que tienen que ver más con la incomunicación, con la incapacidad para la crítica. Y esta fragmentación se acusa especialmente en el problema de las nacionalidades y regiones.

Ahora bien, si la pérdida de la memoria histórica ha podido suponer una falta de referentes y de modelos para la convivencia y, si ha quedado mermado el patrimonio histórico español, era lógico que se llegara a resentir el vínculo de unos pueblos y otros, de unas regiones y otras, de unas nacionalidades y otras. Los nacionalistas periféricos se niegan a reconocerse en el pasado común. Se ahondan así las diferencias. Los desencuentros sobre el pasado tienen como consecuencia inevitable los desencuentros en el presente y, a partir de aquí, se tiende a manipular el pasado, a ajustarlo. El fervor con el que los nacionalistas intentan construirse una identidad les lleva al abuso y a la perversión de la Historia. Si el falangismo y el tradicionalismo se inventaron una España, los nacionalistas llegan hasta el punto de rendirse ante sus propias leyendas.

El franquismo primero y después las imposiciones de la transición, han significado el sacrificio de la identidad española. Lejos de la escena del Prado se fortalecen los nacionalismos. Arzallus vuelve a Sabino Arana, a su fundamentalismo y a su racismo; Pujol hace la síntesis de Prat de la Riba (sin las ansias imperialistas, supongo) y Macià y dice superar en eficacia a Cambó. Frente al deshuesamiento ideológico del «centro» y a la desorientación de Madrid y al vacío moral y a la desvertebración social, los nacionalistas exhiben su musculatura: el patriotismo, la tierra y la sangre.

La situación es tan asimétrica, tan desproporcionada, que en el caso menos escandaloso entramos en una fase de regeneración vasca y catalana —a su manera, ciertamente—, mientras el resto no dispone de recursos morales mínimos para presentar un proyecto. Toda una tropa de pequeños ideólogos del pragmatismo han decidido dormir tranquilos respecto al problema nacional-regional porque parten del convencimiento de que ni catalanes ni vascos querrán o podrán llevar adelante sueños autodeterministas o similares. Escasos de imaginación y desprovistos de cualidades morales, no intuyen que una sociedad, una comunidad depende, para ser algo, de una articulación de impulsos, de una gavilla de voluntades dirigidas hacia unos objetivos asumidos, solidarios, sugestivos. Pues bien, todo eso, nada menos que el ser o no ser de España, de una España industriosa, investigadora, creadora, es imposible mientras catalanes y vascos sigan empeñados en perseguir su sueño particular. O se recupera una voluntad colectiva a partir de la identidad española o ya podemos hacernos a la idea de una existencia precaria. Una vez más la Historia tiene que venir, en efecto, en ayuda nuestra, es decir, en función de nuestras necesidades. Esta relación de ayuda mutua entre presente e Historia es la que solicita el profesor Seco Serrano cuando reivindica una Historia íntegra y no una parcela de aquélla, y cuando pide el respeto a «las tres realidades irrenunciables» —unidad, diversidad y las exigencias de un organismo vivo que es la sociedad— que deberán concretarse en un federalismo de nuestro tiempo, esto es, solidario[11].

Cronista de oficio, quien escribe esto pide la ayuda desde hoy al historiador en el sentido en que habla Lucien Febvre, «en función de las necesidades presentes», ya que es «en función de la vida como la Historia interroga a la muerte»[12].

---

[11] Carlos Seco Serrano, Prólogo a *El nacionalismo vasco* de Stanley G. Payne, Dopesa, 1974: «El término España no es un puro convencionalismo..., pero es una realidad afacetada, es decir, que en ella unidad y diversidad constituyen también factores irrenunciables: unidad y diversidad se producen como constantes a lo largo de toda nuestra historia. En los momentos de máxima fragmentación —cada vez que el Estado que encuadraba a los españoles en su conjunto, se derrumbó ante un insólito reto exterior— la diversidad triunfó sobre la unidad, pero conservando una exacta conciencia unitaria, un defectuoso sistema "confederal", engendrador a la larga de insolidaridades nocivas o a un exótico modelo centralista, parcialmente aplicado a los Borbones en el siglo XVIII y convertido en norma igualitaria, "revolucionariamente" durante el siglo XIX... Diversidad y unidad, integración y desintegración..., cualquier planteamiento realista o idealista al mismo tiempo de nuestro futuro, deberá tener en cuenta las dos constantes o, dicho de otra manera, deberá atenerse a la fidelidad histórica auténtica: una fidelidad histórica que no suponga la previa sustitución de la historia íntegra por una parcela de la Historia. Ignorar una parte de nuestro pasado común para reanudar "un concreto pasado" que se canceló en un momento del ayer —o que sólo ha existido como ideal fantasía— sería lo mismo que hacer la abstracción de otra realidad básica que sigue desarrollándose a la manera de un organismo vivo.»

[12] Lucien Febvre, *Combates por la Historia,* Barcelona, Ariel, 1970.

2. El estado de la cuestión nacional

> Soy español por los cuatro costados, aunque no sea españolista. De ahí que me considere miembro de una sociedad ni mejor ni peor en esencia que las demás europeas de rango equivalente. Y es en cuanto español, que me anima el espíritu propio de un liberal que hallándose predeterminado en parte por inclinaciones heredadas, las corrige, las encauza hasta donde le permite el desinterés de la inteligencia.
>
> MANUEL AZAÑA.

Cuando va a cumplirse el centenario del 98 sigue patéticamente abierta la cuestión nacional-regional. Si entonces el clima de desolación llevó a la generación del 98 a intentar descifrar el enigma de España, hoy el rechazo a la idea de Nación y los embates al Estado autonómico están dejando en precario nuestra identidad como españoles y en paréntesis la solución constitucional. La secular propensión al deshacimiento que definía nuestro modo de ser colectivo y que fue interrumpida traumáticamente por la imposición del nacionalismo español, se insinúa de nuevo como amenaza. El dogmatismo unitarista de la dictadura fortaleció los nacionalismos que en 1898 eran movimientos incipientes, disensiones étnicas o culturales pero que nunca habían llegado a plantearse su redención en un Estado nacional. La comprensión de las fuerzas políticas y sociales a la realidad diferenciada de Cataluña, Euskadi y Galicia desde el punto de vista nacional en la transición democrática, y sobre todo en la Constitución, permitió pensar en una integración leal y en la aceptación no sólo del diseño estatal sino de la realidad nacional española comprensiva de otras regionales y nacionales. No ha sido así. No está siendo así. Los partidos nacionalistas han aprovechado la mano que se les dio en el 78 para disputar a la personalidad colectiva, española, coherencia y legitimidad históricas.

Así, no podemos decir que haya desaparecido el ritmo pendular de nuestra vida pública, aunque convengamos en que los españoles hemos dejado de pensar en la violencia como el modo de resolver nuestros enfrentamientos. Sin embargo, es tal el grado de irracionalidad de los nacionalismos que no sobraría ningún esfuerzo encaminado a prevenir el gusto por la violencia.

¿Se ha agravado nuestro mal, un siglo después? En el 98 nadie negaba la condición de España como nación. Hoy sí. Los nacionalistas catalanes, vascos y gallegos, pacíficos o violentos, no sólo se sienten concernidos por la nacionalidad española sino que niegan la existencia de ésta. No aceptan una Nación española por cuanto entienden que España debe ser una realidad jurídica, un lugar de encuentro, una referencia estatal. Tan sólo ciudadanos del Estado, algunos contestan también a éste unas veces de forma pacífica y otras —las menos— de forma violenta. Los partidos abertzales vascos están por la autodeterminación, esto es, por una forma de imponer su derecho a la independencia al margen de su ejercicio real. Los nacionalistas catalanes radicales (ERC) están en esta misma línea y los moderados (CiU) han desvelado, al fin, una estrategia mucho más peligrosa. Pujol ha pedido que la Generalitat represente de modo absoluto el poder ejecutivo, que la Corona sea el único vínculo con el Estado, que todo esto se haga sin modificar la Constitución, sino como una nueva interpretación del Estatuto. De este modo, Pujol retrotrae la situación a 1714. Este es el «encaje» de Cataluña en España según Pujol.

Todos estos movimientos conviven con poblaciones que se sienten españolas: de forma abrumadora en Galicia, en proporciones mayoritarias en el caso de Cataluña y en una proporción que puede estimarse casi en la mitad en el País Vasco.

Esta debilidad real de los nacionalistas explica la agresividad de sus posiciones, su desprecio por las mayorías, su obsesión por la homogeneidad y por la hegemonía cultural. La retracción de los partidos estatales, de los ciudadanos y de los intelectuales, debida en buena medida al respeto por las minorías y en buena medida a los deseos de conjurar la vuelta a tragedias históricas, explica que estas formaciones, más o menos pequeñas, más o menos fuertes, tengan la audacia de hablar en nombre de Cataluña, de Euskadi, de Galicia... En Euskadi, por ejemplo, el Partido Socialista tiene siete diputados en el Parlamento, el PNV cinco y el PP cuatro. Ello no le impide a Arzallus hablar en nombre de Euskadi y de «la voluntad del pueblo vasco».

La verdad es que estamos entrando de modo discreto en el terreno de batalla y no precisamente en el estricto jurídico, sino allí donde los nacionalismos tienen su sede: en el de los sentimientos. Otra cosa es que la batalla llegue a tener lugar. Porque a esta descripción de urgencia le falta el pálpito de la vida: el tono con el que se pide la autodeterminación, el desprecio a la Constitución en el caso de los vascos, el carácter intempestivo con el que los dirigentes del PNV intentan involucrar al Ejército español como culpable de la negativa del Gobierno a abrir el proceso de autodeterminación; falta en este frío telegrama la muerte y la extorsión de ETA apoyada por un sector de la población vasca; faltan las comparaciones racistas mezcladas con el tono victimista; faltan la audacia y la deshonestidad de comparar a Irlanda del Norte con Euskadi: ¿dónde están en el País Vasco los abertzales pobres y católicos frente a los estatalistas ricos y protestantes? ¿Dónde la proporción de las poblaciones? Una descripción, digo, de posiciones políticas está carente de esos elementos irritantes, viscerales, que van creando los odios, que son, en realidad, el fundamento de los nacionalismos. La memoria resulta vana cuando trata de recrear aspectos como, por ejemplo, la actitud miserable de CiU durante los Juegos Olímpicos, la exhibición de pancartas pidiendo «Freedom for Catalonia», la guerra de banderas, las campañas publicitarias basadas en una Cataluña separada de España... ¿Es que el encaje de Cataluña en España, del que tanto habla Pujol, es sencillamente el que expresaban simbólicamente aquellos mapas en los que aquélla aparece no ya separada, sino sola?

Porque debemos ser conscientes de que el asalto de los nacionalistas no sólo lo es contra la idea de Nación española, sino contra el diseño constitucional del Estado. ¿Y por qué este asalto ahora?

Los nacionalistas catalanes, vascos y gallegos saben que la práctica política y cultural, abierta a partir de la Constitución, ha favorecido la recuperación del pluralismo étnico y cultural como se pretendía, pero, al mismo tiempo, ha dañado la identidad nacional española hasta el punto de que ésta ha dejado de ser operativa en la vida pública, ya se trate de la cultura, de la industria..., de la creatividad en general.

La reacción cultural contra el unitarismo del pasado, el fervor por el pluralismo y el peso de Cataluña y el País Vasco han socavado la identidad nacional de España. Más aún, se ha convertido en lugar común la idea de que una búsqueda de esa identidad supondría la nostalgia del unitarismo. De este modo se han salvado los particularismos con pérdida del referente general y, por si la situación no fuera preocupante, aquéllos reclaman cada día mayores cotas de soberanía con peligro de la racionalidad estatal, de la cohesión y de la solidaridad.

Por tanto, los nacionalismos han dado la batalla cuando han comprobado que España estaba sin defensas como comunidad. Y han dado la batalla contra la Constitución en un momento de debilidad del poder central, cuando el PSOE ha perdido la mayoría absoluta y reclama la cooperación de los nacionalismos para subsistir en el poder.

Pero las nuevas cotas que en su obsesión diferencial reclaman vascos y catalanes suponen la modificación de la Constitución. Y como ha dicho el profesor Peces-Barba, uno de los padres de aquélla, pretender consecuencias jurídicas a partir del hecho diferencial «sería una imprudencia de incalculables consecuencias, porque forzaría el modelo constitucional y potenciaría como reacción el nacionalismo español excluyente. Sería el principio del fin del consenso constitucional y la raíz del *delenda est Constitutio.* Habríamos vuelto a las andadas»[1].

Hora crítica. El abandono de HB de algunos de sus dirigentes anuncia no tanto la victoria del antiterrorismo, como quieren interpretar algunos observadores políticos, sino la oportunidad para un frente abertzale por la autodeterminación. La vía catalana también pone en cuestión la Constitución y reclama con amenazas un nuevo Estatuto.

Salvar el Estado, salvar la Nación

A los quince años de cumplirse la Constitución, los nacionalismos encaran de un modo muy lato lo que para ellos es la fase suprema: la configuración de un Estado propio o formas muy aproximadas (el lehendakari ha reclamado ya asuntos exteriores como competencia de la Comunidad vasca). La Monarquía misma no es negada, sino que se la consideraría amparadora de una nueva formulación de soberanías compartidas. La debilidad de los lazos sería tan sutil como para mantener la realidad de una vinculación «estatal».

No es la hora de los cirujanos de la Constitución, sino la de los creadores de la opinión pública: hay que explicar el momento crítico por el que pasa el Estado y aún es tiempo de recupe-

---

[1] Gregorio Peces-Barba, art. cit.

rar la idea de cohesión y de solidaridad; esto es, la idea de un referente común respecto al cual tengan sentido todos los particularismos, más o menos históricos, más o menos diferenciados.

La ilusión que acompañó a la Constitución de 1978 y al nacimiento de un Estado pluralista y descentralizado ha ido languideciendo a lo largo de estos quince años. Sin llegar a los peligros de una ruptura de la unidad territorial, nunca descartables por otra parte, como última expresión de los enfrentamientos regionales, se produce un deterioro grave de la vida pública, una dispersión de voluntades, una incapacidad para emprender proyectos.

La despreocupación de la mayoría de los ciudadanos, el desdén de muchos intelectuales y la insensibilidad de demasiados políticos ante este estado de cosas se debe a su convicción de que «la sangre no llegará al río». A partir de esa moral mínima que únicamente considera socialmente rechazable la violencia, parece venial o irrelevante este acoso institucional constante de los nacionalistas y no se acaba de comprender que tal situación es lesiva para el funcionamiento de una sociedad. El hecho de que no se resuelva la cuestión nacional-regional desactiva las capacidades de nuestra sociedad y la ensimisma en disensiones.

Desde finales de los sesenta hasta hoy hemos sido responsables de un proceso de desnacionalización de España[2] planteado primero en términos culturales y después en términos institucionales, y hoy nos encontramos en la avanzada fase de la desestatalización. La ceguera de la mayoría de los políticos españoles

---

[2] Los procesos de desnacionalización se han dado con intervalos. Así ya lo denunciaba José Ortega y Gasset: «Por desnacionalización entendía, y entiendo hoy, el hecho de que esta o la otra institución u órgano del Estado no se supedite radicalmente a los destinos nacionales, a las convivencias últimas, históricas, de la nación española. Aunque parezca increíble, la grande y urgente tarea que hoy tienen los españoles, inmediatamente ante sí consiste en la nacionalización del Estado español.» («Organización en la decencia nacional», *El Sol,* 5 de febrero de 1930.)

no puede impedir esta realidad: en Cataluña y en el País Vasco se piensa en la superación de los Estatutos, se adelantan reivindicaciones propias de quien reclama soberanía estatal, ya se trate en el mundo de las finanzas, en la política exterior, en la cultura. Mientras se ahonda el abismo cultural respecto a la personalidad histórica de España desde la fuerza que dan las instituciones autonómicas, mientras se plantea el nacionalismo regional frente a la idea de la Nación española, cuando ya es un hecho que el referente colectivo es un bien mostrenco, se pone fecha final al Estado autonómico. Después de la Nación, el Estado[3].

Y lo más sorprendente de este proceso es la forma en que se produce: el victimismo como método para conseguir la insolidaridad por parte de quienes son hoy —y eran ayer— hegemónicos y quienes culpan al Estado español de sus limitaciones en relación con otras naciones o regiones europeas, sin querer reconocer que han sido las partes principales de ese Estado e incluso las más beneficiadas durante el franquismo y en absoluto las más represaliadas durante la guerra civil.

No es, pues, preciso el concurso de los cirujanos de la Constitución, sino el de aquéllos y el de todos para impulsar

---

[3] ¿Cómo se puede mantener, como lo hace Rafael Ribó, que se esté produciendo una desnacionalización de Cataluña? Sorprende leer estas consideraciones en un político de ideología comunista: «Si bé és cert que és un fenomen mundial, crec que hem de definir les notes especifiques que pertanyen a la nostra nacionalitat en el seu procés de desnacionalització; tenint en compte que nacionalitart és quelcom que recull un conjunt de factors de tipus econòmic, polític, cultural, social, que per tant no es port reduir, al meu entendre, a una sola dimensió que sería unidireccional-Hi ha expressions econòmiques d'aquesta desnacionalitzación. Catalunya està perdent cada vegada més pes específic de la seva economia respecte la resta de l'Estat espanyol i respecte les regions industrialitzades europees. Catalunya està perdent el control direct sobre el seu sector financer... Crec que no és molt atrevit afirmar, i es pot demostrar estadisticament, que la cultura catalana i la llengua catalana estan desapareixent lentament... hi ha tota una vehiculació cultural en una llengua diferent de la nostra, o amb una llengua que també es oficial a Catalunya com és el castellà...» (Rafael Ribó, *Catalunya, nació d'esquerra,* Barcelona, Edicions 62, 1988.)

su cumplimiento. Nuestro futuro va a depender de que sepamos ver en qué punto se encuentra este compromiso entre los intereses colectivos y los regionales, entre nuestra diversidad y la vigencia de una entidad cultural e histórica, y no sólo jurídica, superior.

Pero la mayor dificultad que tenemos en estos momentos los españoles para encajar los nacionalismos, para superarlos, estriba en nuestro abandono del concepto de Nación. Porque así como ya son muchos los demócratas que critican los excesos de los nacionalismos y los temen, son muy pocos los que reclaman la necesidad de una idea de España. Ha sido tan profunda la destrucción de los sentimientos históricos, de la conciencia de un patrimonio común, de la idea de que los pueblos de España han estado unidos en esperanzas y en fracasos, que nos encontramos ante una tarea singular para la que difícilmente uno ve instrumentos, personas e instituciones capaces de llevarlo adelante.

La recuperación de esta identidad nacional es —vuelve a ser de forma imperiosa— la gran tarea cultural y política de nuestros días. No acierto a ver cómo podremos salvar el Estado si no lo hacemos desde una idea pluralista y democrática de Nación. No acabo de ver cómo vamos a salvar el Estado español si no salvamos España. Y si es que ya está condenada España, aprestémonos a vivir la agonía —realmente unamuniana— del Estado y aprestémonos a vivir, por tanto, en el disparate cultural, en la inexistencia de proyectos colectivos industriales, culturales o de cualquier orden, asumamos nuestra condición de manicomio ibérico. Pero no demos la batalla por perdida.

La consigna orteguiana de nacionalizar el Estado vuelve a tener toda su validez. Sin ello no podremos superar los desafíos que se derivan de nuestra variedad étnica y lingüística ni dispondremos de solidaridad para ajustar los desequilibrios de clase y regionales, ni aportaremos nada a Europa, sino la carga de nuestra incapacidad; ni sabremos encajar el delicadísimo problema de la emigración de este final de milenio, porque para practicar el mestizaje hay que partir de un concepto de nación pluralista y democrática. ¿Y qué aportaremos como propio a la cultura, la tecnología, la investigación, y con qué marca nos haremos reconocer, con qué «made in Spain», cuando es la propia nación la que necesita recuperar su marca?

En la desnacionalización que ha sufrido España pueden advertirse cuatro etapas:

La primera de ellas, correspondiente a la última década del franquismo y comienzos de la transición, se caracterizó por una entrega de la izquierda a la idea plurinacional con el sacrificio de la idea de nación global. Este es el pecado original. De la República (de la que se prescindió como modelo a pesar de su enorme atractivo cultural) se tomó la herencia de los Estatutos y del reconocimiento de las regiones culturales. ¿Y por qué? Porque la recuperación del espíritu estatutario estaba muy en la línea del consenso con la derecha catalana y vasca, al tiempo que la izquierda pensaba que la fragmentación autonómica era una forma de debilitar el Estado y, por tanto, a Franco. Más aún, la izquierda fue tan ilusa y tan oportunista que quiso encontrar en la comprensión de las realidades diferenciadas una forma de ganarse a unas ciertas clases medias. Las primeras elecciones iban a sacar a los partidos de izquierda de su sueño: el País Vasco era mayoritariamente de derechas, mientras la población radical, marginal y en buena medida emigrante se apuntaba a la violencia nacionalista. En Cataluña la afirmación nacionalista iba a vaciar al Partido Comunista. Así que lo que se sacó de exaltar a los movimientos nacionalistas —pacíficos y violentos— fue más la disolución de la idea nacional española que la desaparición de Franco.

La segunda fase correspondió a la puesta en marcha del nuevo Estado. La creación del Estado autonómico ha tenido un valor histórico. Fruto de una inteligencia colectiva, de una imaginación política sin precedentes y de una voluntad nacional responsable, ha constituido la respuesta más compleja y delicada al desafío del problema nacional-regional. La crítica fundamental que algunos hacen al Estado autonómico se refiere al carácter general que se dio a éste. Muchos habrían preferido que el Estado español hubiera tenido tres excepciones correspondientes a las tres regiones llamadas «históricas» o nacionalidades. Esta era, en realidad, la tesis que venía manteniendo la oposición de izquierdas y que fue corregida por la posición del partido mayoritario (UCD) y con el telón de fondo del poder militar. La posición de políticos como Herrero de Miñón, favorable a la excepcionalidad, no tiene más interés que el personal.

La tercera fase ha sido de ajuste y acomodación del Estado autonómico, el traspaso de competencias, la recuperación de las lenguas vernáculas.

Por fin, esta fase cuarta en la que estamos, que se caracteriza por una radicalización de los nacionalismos y el malestar creciente en otras regiones, algunas de las cuales contemplan en la confrontación la única vía de igualación a falta de vías solidarias. Los Pujol y Arzallus no ocultan el designio de dar un salto adelante respecto a otras regiones. Reclaman su «hecho diferencial» para destacarse y para conseguir estadios progresivos hacia la soberanía.

La consternación ante este panorama, inestable, resbaladizo, no puede hacernos perder la lucidez al analizar las causas, al hacer el diagnóstico y al proponer soluciones. La primera evidencia es que la clase dirigente ha dado de lado la idea de Nación española. Ésta existe ciertamente, pero no es operativa. Donde sucede lo que hemos visto líneas arriba no se puede hablar de Nación.

Pero ¿quién y por qué se orilló esa idea progresista de Nación? Al hacer un repaso de la historia de estas ultimas décadas uno advierte ese proceso suicida que se ha dado en nuestro país, no en otros, de una izquierda que niega a España el carácter nacional, que incluso niega a la propia España. Me ha interesado comprender por qué la izquierda llegó a desalojar del repertorio de sus ideas la de Nación, por qué llegamos a confusión tan tosca entre idea de Nación y nacionalismo, por qué hemos considerado que era peligroso tener una identidad nacional mientras nos parecía muy democrático que existieran nacionalismos.

Y ahí hay un problema de memoria histórica y de confusión con la dictadura y el nacionalismo españolista que había que aclarar. Y cada vez veo con más claridad que de poco valdrá nuestra inteligente construcción autonómica si el Estado no está soportado por la idea de Nación, y más aún, si al Estado se le menoscaba constantemente con el metódico desprestigio de lo español y de la idea de España. Llegados a este punto de posible disolución del Estado mismo me ha parecido necesario reivindicar la idea de Nación. Este endiablado mapa de competitividades y de victimismos, esta vocación a la disgregación que es el abismo para todos, únicamente puede ser detenido a partir de un consenso flexible, suave, operativo, pero basado en aquella parte de la historia, de la cultura y de nuestra personalidad actual que pueda aglutinarnos. La medida de nuestra depresión únicamente se conoce bien a partir de una propuesta como esta. Nos parece tarea imposible. Sin embargo, no hay otra. Lo demás es el fracaso colectivo. Las tentaciones de la salvación de lo propio deben ser desechadas.

La iniciativa nacionalista

No es fácil saber qué resulta más decepcionante: si la agresividad y la insolidaridad de los nacionalismos, la inconsciencia y complicidad del «establecimiento madrileño» o el silencio de algunos notables clérigos-intelectuales[4]. Pragmático hasta el exceso, el Partido Socialista no iba a dejar de serlo en este punto. Así que ha querido aplicar al nacionalismo el tratamiento habitual de los compromisos en torno al poder con desprecio de los principios, lo cual resulta poco inteligible para el público. La incapacidad de la izquierda para concebir una idea democrática y laica de la Nación es verdaderamente grave si, además, existen en el seno del PSOE y de IU fuerzas decididamente ajenas a la idea de la Nación española, interesadas únicamente en la existencia de un Estado, y éste cada vez más reducido en lo común. Así podemos entender la busca de Maragall en la clientela nacionalista catalana o la creencia mítica de Ribó en un nacionalismo de izquierdas. Los progresistas no hemos sabido integrar la necesidad de un Estado autonómico y la creencia en la concepción democrática, laica y plural de la Nación que tuvieron nuestros republicanos. Eliminada ésta, no sabemos qué hacer ni cómo argumentar cuando los nacionalistas critican por insuficiente el Estado autonómico. Resulta patético ver cómo ciertos Departamentos ministeriales defienden «su» trinchera frente a los nacionalistas cuando no han sido capaces de establecer una línea de definición estatal. Y es patético comprobar cómo esgrimen términos como solidaridad para defender una competencia ministerial cuando tendrían que haber levantado la idea nacional de solidaridad en la cual tendría su sede la justificación de unas u otras. Es de la voluntad colectiva de los

---

[4] Al hilo de la radicalización nacionalista han reaccionado politólogos, historiadores y periodistas que en su mayoría venían contribuyendo al debate, desde muy diversas concepciones. Así, Antonio Elorza, Juan José Olazábal, Pedro de Vega, Jon Juaristi, Andrés de Blas, Juan Pablo Fusi, Ramón Cotarelo, Isidre Molas, Jordi Solé Tura, Patxo Unzueta, X. Vidal-Folch, Fernando Savater, Javier Sádaba, Eugenio Trías, Mario Onaindía, Ramón Jáuregui, Manuel Escudero, Gabriel Jackson, Carlos Seco Serrano, Julio Valdeón, Jiménez Losantos, Agapito Maestre, Ignacio Sotelo... En este alud de artículos es significativa la entrada en la polémica de novelistas como Julio Llamazares, A. Muñoz Molina, Mario Vargas Llosa, quien, por cierto, venía a destacar el interés del libro del dirigente popular Alex Vidal-Quadras, *La cuestión de fondo*.

ciudadanos, esto es, de la nación, de donde pueden venir impulsos y exigencias. El déficit de cohesión y de conciencia de sociedad nos viene en buena medida de esta reducción a Estado en la que hemos quedado. Y, como no podía ser menos, los nacionalistas han comenzado a emprenderla contra éste: la última ciudadela.

Las cosas apuntaban en este sentido a principios del 92, cuando comencé a recoger y a ordenar la información que se iba produciendo en torno al problema español. Se daban dos circunstancias que permitían presumir que entrábamos en una fase de exasperación: la previsible pérdida de la mayoría absoluta del PSOE y el pronto cumplimiento de los Estatutos.

En efecto, la nueva relación de las fuerzas parlamentarias iba a colocar al PNV y a CiU en una situación ventajosa para sus reivindicaciones, que, a buen seguro, desbordarían los contenidos estatutarios: Pujol había hecho duras advertencias respecto a una interpretación «restrictiva» de los Estatutos, y había reclamado la necesidad de una heterogeneidad autonómica (mayores competencias para las regiones históricas o nacionalidades). Era entonces obvio, y lo es hoy, que la vía de Convergencia se dirige más bien hacia un Estatuto de primera (no el «café para todos»), mientras ERC se asimila más a los objetivos del PNV, EA y HB. Y coloco en la misma tesitura a los partidos abertzales, puesto que lo que les diferencia no son los criterios nacionalistas, sino los métodos[5].

Por fin, se sumaba a las razones anteriores otra de muy distinto orden: el 92 —Exposición Universal y Juegos Olímpicos— podría ser un año muy favorable a un aumento de la autoestima

---

[5] Sobre las supuestas diferencias entre el PNV y ETA, al margen del método moderado o violento, institucional o revolucionario, escribe Antonio Elorza: «Desde sus primeros pasos políticos, el nacionalismo sabiniano llevó, por un lado, a una estrategia de confrontación abierta por España, y por otro, a una práctica posibilista de adecuación al sistema político y a las exigencias económicas propias de una burguesía moderada. De un lado, a la insurgencia; de otro, a la gestión de una sociedad vasca arcaizante, festiva y rural, cohesionada por su idioma.» («ETA, historia y mito», *El País,* 20 de agosto de 1993.)

española. Así pues, convendría afirmar las disensiones, traer en jaque «a Madrid».

No me equivoqué en mis previsiones o, si se quiere, en mis temores. A partir de mediados del 92, comenzaron a arreciar las declaraciones de los nacionalistas, casi siempre exasperantes, con frecuencia provocadoras, y no tuve sino que ir tomando nota de la resistible escalada del PNV y de CiU en estos dos años, así como del silencio, tan exquisito como sospechoso, de los partidos estatales, de sus líderes. Pronto se entendió que el silencio de éstos era el precio de la posible colaboración del PNV y CiU.

Tengo que reconocer que el viento de la Historia ha sido favorable, desgraciadamente, a este libro y a sus tesis. La realidad me ha ahorrado esfuerzos de imaginación.

El espectador atento ha podido comprobar hasta qué punto la vida pública española ha vuelto a comunicar aquella incertidumbre de la que hablaban nuestros clásicos contemporáneos y que formaba parte de nuestra normalidad, de nuestra manera de «estar» en la Historia. Tal sensación no tiene que ver con la inseguridad que conocíamos en el franquismo y que provenía de la ausencia de libertades ni con la provisionalidad de un régimen a lo largo de cuatro décadas. La incertidumbre que hoy se desprende de nuestra vida pública se deriva de un problema casi consustancial desde hace más de un siglo y que aún no hemos resuelto: el nacional-regional. Ahora, con la democracia y con la pertenencia a Europa, esto es, ya reintegrados al colectivo cultural del que nos separamos con la Reforma, seguimos sin liberarnos de esta cuestión amenazante, de esta herida abierta, de esta mal resuelta convivencia.

Pero ¿por qué de la mera lectura de nuestros periódicos —a pesar de su extremada prudencia en este tema— se desprende inquietud, inestabilidad, un futuro comprometido?

Quiero contestar ya mismo a esta cuestión, aunque más adelante insistiré en ello: el público sabe —aunque no se haya hecho pública su opinión— que los nacionalistas vascos y catalanes dan por interino el Estado autonómico que estamos viviendo, lo cual no le resultaría tan preocupante al público si éste viera en sectores de la sociedad, en partidos políticos, en personalidades... una voluntad decidida frente a aquéllos y frente a la situación que aquéllos favorecen. El público sabe que el establecimiento se pliega a la estrategia de la escalada nacionalista. Esto determina que la vida pública española esté recorrida por un sentimiento de inseguridad, por un estremecimiento.

Me parecía, por ello, necesario levantar la voz y provocar otras. ¿Por qué razón cuando el máximo dirigente del PNV exige en tonos bíblicos la soberanía y la autodeterminación nadie le responde? ¿Por qué nadie contesta a Pujol cuando amenaza con perder el «seny» y denunciar el Estatuto como una vía inválida para resolver el problema catalán? ¿Por qué un nacionalista puede tener bula para amenazar con romper las reglas del juego democráticas o forzarlas hasta el límite mientras lo que se espera de los demás es silencio, cautela, comprensión? ¿Por qué razón, ya que nadie ha conseguido explicarlo todavía, el tratamiento del problema nacional-regional ha quedado en manos exclusivas de vascos y catalanes? ¿Por qué esta inhibición «del resto»? ¿Por qué vale más la vida de un «ertzaina» que la de un guardia civil? ¿Por qué se considera deplorable el enfrentamiento entre vascos y no el enfrentamiento entre españoles? Pero ¿acaso puede ser considerado «sensato» un partido como el PNV que tiene como propósito fortalecer «su» País Vasco a costa de la Nación española, y acaso la estrategia de Pujol no consiste en negar la cultura española?

Estas últimas preguntas exigían de estas páginas algo más que una descripción del estado de la cuestión, por otra parte necesario para convencer a incrédulos. Se necesitaba, además, apuntar siquiera a la explicación de la actitud de la izquierda española ante la ascensión de unos movimientos que quieren desplazar los límites autonomistas. Porque no sólo la pervivencia de los nacionalismos, sino su fortalecimiento, tienen una explicación en la propia dictadura, en la represión, en la unidad impuesta, en el castigo cultural, pero ¿qué pasó en la izquierda española, para que los nacionalismos hayan llegado a tener tal capacidad de iniciativa y para que la izquierda nacional haya llegado a tal grado de seguidismo no exento de componentes masoquistas?

La respuesta a estas preguntas hay que buscarla en el proceso de desmemoria, en la pérdida de nuestra identidad española plural y democrática, en la destrucción del legado republicano debida en buena medida a la censura y también a la voluntad de la propia izquierda, necesitada de entendimientos con los antiguos vencedores. El hecho es que se sacrificó el recuerdo de la España abierta y liberal; no se la tuvo en cuenta como modelo, de tal modo que la imagen que ha quedado de forma predominante, en la práctica de forma exclusiva, ha sido la unitarista e integrista. Y se rechazó ésta como referente para la construcción de la democracia, pero sin que, al tiempo, se intentara una «restauración» de la anterior. La propia monarquía se justificó *ex novo.* En esta transacción entre tardofranquistas, ex franquistas ya demócratas y partidos de la oposición democrática se convino en olvidar la mejor de las Españas. En aquellos intensos días de pactos entre la oposición democrática y el poder heredero del régimen franquista no hubo referencias para la España democrática vencida por el fascismo. De este modo se vino a dar la razón a Franco, que siempre quiso destruir el recuerdo de la España heterodoxa, liberal y libertaria, la heredera de los erasmistas, de los ilustrados, de los progresistas y de los institucionalistas... En cambio, en la periferia, en los aledaños estatales, pudieron traspasar el patrimonio de José Antonio Aguirre a través de Ajuriaguerra, y de Macià a través de Tarradellas.

Así pues, mientras la izquierda entraba en la democracia sin unas señas históricas desde el punto de vista nacional, desde el punto de vista de la restauración de un Estado nacional —el de una España laica y plural y descentralizada como había sido la de la II República—, y aceptaba la construcción *ex novo* de un sistema democrático, los nacionalistas sí aportaban sus nombres, sus mitos, sus luchas. Ellos sí pudieron soldar el presente y el pasado. Por esta razón, mientras se aceptaba la desnaturalización de una idea de España, se permitía la reivindicación de los nacionalismos, incluso su mitificación (hasta las carlistadas, incluida esta última de ETA, han sido elevadas a paradigma de tradición democrática).

Todo ello no sólo es injusto, sino que ha tenido unas consecuencias posteriores y aún las tiene hoy. Y sin duda esta legitimación histórica que han hecho valer los nacionalismos ha pesado a la hora de valorar, esto es, de minusvalorar la empresa que ha supuesto la conversión de un Estado centralista, antidemocrático y dogmáticamente unitarista en un Estado nacional, plural y autonómico. En términos coloquiales habría que preguntarse: ¿qué más quieren, qué más pueden querer Cataluña y Euskadi? La soberanía, dice Pujol, en nombre de «los catalanes»; la soberanía a traves del ejercicio de la autodeterminación, quizá la independencia, dice Arzallus.

Y, en efecto, nuestra sociedad se caracteriza también por su incapacidad o su resistencia para reconocerse a sí misma en relación a este problema. La sociedad —y lo digo así de ampulosamente— se tapa los oídos y los ojos ante el estruendoso clamor de los irredentistas en unas ocasiones, ante el bisbiseo del ni contigo ni sin ti en otras, ante las amenazas independentistas de Arzallus: los dientes apretados, como si la tensión histórica exigiera esa escenificación ridícula...Y sin duda la sociedad española, muy esquilmada de creencias, descreída sencillamente, lo aceptaría todo con tal de que no se produjera trauma sangriento alguno. Acepta a Arzallus porque está contra los métodos violentos. En este sentido ETA, además de matar, nos hace el mal favor de enturbiar políticamente la escena.

Gobernar con fuego

Y sobre el cañamazo de esta especie de inconsciencia, Felipe González urde sus juegos barrocos.

En estos dos años, la labor pedagógica que podía haberse esperado del Gobierno socialista en torno a este problema ha sido nula. Todo el tranco que va desde el período preelectoral a la votación de los Presupuestos revela el barroquismo de una política que puede terminar con el sentido común de una sociedad.

He aquí el resumen de la secuencia vivida por los españoles en unos meses: sermón de los gobernantes sobre la necesidad de pactar con las fuerzas nacionalistas para resolver la gobernabilidad «del país»; silencio ante la provocación de Arzallus («no soy ni me siento español») cuando le están ofreciendo entrar en el Gobierno; el espectáculo del intercambio del IRPF (el comienzo) por el apoyo parlamentario limitado de Pujol; la negativa de éste a formar Gobierno; la gratitud de González por el apoyo en el Parlamento, al que califica de «muestra de patriotismo»; el avance de Pujol sobre la necesidad de superar los Estatutos, ya que éstos no sirven para resolver el problema catalán; la humillación en definitiva de la Nación (en la medida en que un Gobierno la representa) pendiente de 18 diputados nacionalistas que le permiten decir a Pujol: gracias a Cataluña hay Gobierno y presupuestos... De todas estas maniobras hay algunos extremos que van más allá de lo aceptable en política:

a) No es admisible que un problema de gobernación se ampare y se disimule en algo tan grave como la resolución de «la cuestión nacional».

b) La permanencia de un partido en el poder no debe ser antepuesta al bien nacional.

c) La gobernación de una nación no puede depender de un partido de ámbito regional.

d) El poder central debe actuar de tal modo que la opinión pública tenga elementos para formarse unos criterios correctos.

La valoración excesiva que en el PSOE se hace del PNV y de CiU como partidos y la infravaloración que de ellos hace también el PSOE como exponentes nacionalistas se pusieron de manifiesto en la operación de coalición que llevó a cabo Felipe González después de las elecciones del 6 de junio del 93. Esta mezcla de desconocimiento y de entreguismo no iba a ser el mejor camino para el entendimiento. González y el PSOE creyeron que iban a embridar a los nacionalismos a partir de una oferta ministerial. La negativa del PNV y de CDC a aceptar unas carteras ministeriales y el apoyo circunstancial de CiU a cambio de ventajas no sólo han llevado al PSOE a una humillante relación de dependencia, sino a la idea del Estado que deben encarnar las formaciones que se tienen por tales. Por otra parte, la lectura que hicieron los gallegos en sus elecciones autónomicas no pudo ser más inteligente: una buena parte de los votos se fueron del Partido Socialista al partido nacionalista de Beiras. Un rápido castigo al PSOE como aprendiz de brujo.

Así, el Gobierno socialista ha conseguido que en Galicia haya renacido un nacionalismo que no acababa de salir del testimonialismo. La exaltación de los nacionalismos, su justificación, el entreguismo a CiU y PNV, ¿por qué no iba a tener una «aplicación» inmediata en Galicia? ¿ Y por qué se va a privar Pasqual Maragall de montar un partido progresista y nacionalista que pueda sustituir al partido de Pujol y pueda tener las claves de la gobernabilidad y, por ello, sea realmente respetado por Felipe González?

Pero los efectos perversos de una política de «comprensión» de los nacionalismos (quiero decir, más allá de los límites autónomicos) tiene lógicamente su repercusión en el interior del Partido Socialista. ¿Podía creer acaso Felipe González que se pueden mantener unos criterios de autonomía radical para las regiones sin que éstos se trasladen al partido? ¿O acaso es más sagrada la unidad de un partido que la de una nación? ¿Acaso se puede mercadear con España y no con un partido político? Esto ya pasó en el PCE con el PSUC y en mayor grado con el PC de Euskadi en 1980. Aquí de nuevo Felipe ha caído en su propia trampa: echó mano de los barones regionales para hacer el atajo y obviar el aparato del partido y mediante ese procedimiento instituyó poderes, taifas aquí y allá. Será tarde para corregir la «disgregación» del Partido Socialista. El temerario que confía en apagar el fuego que provoca puede terminar como un emperador de los escombros.

Lo que en todo caso parece necesario es terminar con este proceso de cuestionamiento del Estado autonómico. Hay que llegar a un cierre de situación. Quizá a Cataluña le siga interesando, por fecunda, la fórmula de «ni contigo ni sin ti», pero no al conjunto nacional.

También parece conveniente que si Euskadi y Cataluña se definen como nación y extreman y miman sus perfiles, definamos bien lo que es Nación española. Que «esto» no es sólo Estado, con ser mucho un Estado de quinientos años. España es algo más que la racionalidad de empleo de la violencia, algo más que la legitimación del monopolio de la violencia.

En definitiva, la situación actual debe tener un límite y no hay argumento, del pasado o del presente, basado en posibles opresiones o hechos diferenciales de cualquier otro tipo que puedan justificar su continuación.

Como verá el lector, toda mi argumentación, mi interpelación, se refiere fundamentalmente al PNV y CiU, y de forma muy esporádica a ETA, HB, ERC, BNG. No se me podrá reprochar, como ha hecho recientemente el profesor Clará[6] al novelista Antonio Muñoz Molina[7], que me centre en la crítica a los partidos del nacionalismo radical. Y no lo hago sencillamente porque entiendo que el problema se plantea a partir de la existencia de un nacionalismo moderado, que es el mayoritario. Por lo demás, y sin minusvalorar el carácter pacífico de partidos como PNV, EA, Convergència i Unió, digo que las características por las cuales es rechazable el nacionalismo se dan en éstos del mismo modo que en los violentos. Sé que la mala fe con la que se juega en este tema le llevará a alguno a decir que para mí son iguales Floren Aoiz (HB-ETA) que Arzallus, y digo que no, que les diferencia la pistola y que eso es muy importante; pero que desde el punto de vista nacionalista nunca admitiría Arzallus ser menos que Aoiz. Aún más, como dice ahora Txema Montero, Aoiz es un elemento retardatario para el nacionalismo. La conversión de Montero y otros ex dirigentes de HB es considerada en Madrid como un retroceso del nacionalismo cuando es un feliz retroceso del terrorismo. ¿Por qué esta confusión? Porque se tiende a la equiparación entre terrorismo y nacionalismo. Todos, pacíficos y revolucionarios, como ha analizado bien el profesor Elorza, están cortados por el mismo rasero antiespañolista, por el aranismo radical y primario. Si del análisis del ideario de Pujol y de Arzallus no se derivara una intranquilidad real para el Estado nacional, si sus estrategias no pusieran en peligro la convivencia; si, por el contrario, ellos fueran defensores del cumplimiento del espíritu autonomista..., yo nunca habría escrito estas páginas ni pretendería alertar a la opinión públi-

---

[6] Joan B. Cuyá i Clará, «Nacionalismos y honestidad intelectual», *El País,* 8 de noviembre de 1993.

[7] Antonio Muñoz Molina, «El Nacionalismo y el niño interior», *El País,* 30 de octubre de 1993.

ca. ¿Es que yo igualo moralmente al violento y al reformista? Nadie puede ser tan imbécil de hacerlo. Lo que sí sabemos es que sin la ayuda de los «milis» y antes «polimilis», Madrid no habría sido tan generoso con los chicos del Norte.

Sin Nación habrá nacionalismos

En todo caso, este no es un libro sobre o contra los nacionalismos, sino una reflexión sobre las posibilidades de enfrentarse a una estrategia nacionalista que amenaza con desbordar al Estado autonómico y poner en peligro la convivencia pacífica. Asimismo, me interesa señalar hasta qué punto aquél es débil a causa de la precariedad del soporte nacional sobre el que está montado. Y este libro es una acusación a los progresistas por haber sido en buena medida responsables de la pérdida de la idea operativa de Nación, única arma, único remedio contra los desafueros de los nacionalismos, ya se trate de los periféricos o del españolista. Es una interpelación a la izquierda.

Estas páginas pretenden sacudir la ingenuidad y el oportunismo de los progresistas, que esperan que una vez cumplidos los contenidos de los estatutos autonómicos los nacionalistas dejarán de serlo para reconvertirse en partidos tradicionales, democristianos, por ejemplo.

Temo la reacción de los que se equivocan, temo el posible españolismo de los que ahora confían en los nacionalismos periféricos, temo los métodos de los que aman el poder por encima de todo, temo que los que ahora justifican las cesiones a los nacionalistas amparándose en el nombre de España, mañana puedan recurrir al nacionalismo españolista por lo mismo.

¿Cómo no caer en la melancolía cuando uno asiste en este fin de siglo al resurgimiento de unos movimientos tan irracionales como los nacionalismos, tan costosos en vidas humanas, tan devastadores? ¿Y cómo superar el abatimiento cuando uno advierte, además, que en España tales creencias son reivindicadas por la izquierda? No es posible librarse de un sentimiento de impotencia ante contradicciones tan burdas como la de quienes rechazan el concepto democrático y solidario de Nación y exaltan las razones de las nacionalidades ricas en prestigio y en recursos. Melancolía en fin por la práctica desaparición de todo lo que constituyó nuestro patrimonio ilustrado.

Frente al abuso de la Nación parece obligada, sin embargo, una creencia en ella: la Nación como expresión del pueblo que se organiza democráticamente y que tiene conciencia de unos derechos y de unas obligaciones, que tiene un mandato cultural y en nombre de la cual puede establecerse un objetivo colectivo. Pero ¿qué es eso del bien colectivo, dónde tiene su residencia y cómo se llama aquello a lo que remite la solidaridad? Realmente, ¿alguien puede concebir una política «española» de industria o de investigación si no se tiene una idea de la Nación «española»? Desgraciadamente, nuestros políticos no han olido esta cuestión, al menos en la práctica... Porque, desde luego, nada que tenga que proceder de la voluntad libérrima encuentra su motivación en el Estado. De éste se derivan mecanismos de coacción de un signo o de otro a los que se ajustan los comportamientos. Nadie da la vida por el Estado a no ser de forma mercenaria u obligada. Sí se da por la Nación. El Estado es término inservible, insuficiente, para hablar de solidaridad. Pues bien, por lo que se refiere a esta cuestión no he hecho sino insinuar algunas de las consecuencias que para la vida española ha tenido y tiene esta carencia de creencia en la Nación.

Así pues, la recuperación de ésta es necesaria si queremos encontrar una forma definitiva del Estado. No habrá una convivencia estable y fecunda si nos empeñamos en dejar sin referente nacional a aquellos españoles que no pueden cobijarse bajo una de las nacionalidades vasca, gallega o catalana o incluso a los vascos, gallegos y catalanes que quieren reconocerse en la nacionalidad española y que están respondiendo todos los días a ese plebiscito español.

Se equivocó nuestro sociólogo y novelista Francisco Ayala cuando, a la luz de las trágicas consecuencias de nuestra guerra y de la mundial, auguraba el final de los nacionalismos, ya sin sentido dados los nuevos encuadramientos internacionales[8]. No fue el único[9]. Como señaló el historiador Stanley Payne, el resurgimiento de los nacionalismos en los años sesenta vino a coger desprevenidos a los sociólogos: «Durante la última década se ha hecho patente que la pasión política dominante de la segunda mitad del siglo XX es el nacionalismo, y no cualquier forma de rebelión social, de clase e ideológica *per se*. El nacionalismo ha vuelto a situarse en el centro de atención incluso en sistemas totalitarios teóricamente basados en un internacionalismo fundado en una conciencia de clase»[10].

¿Y qué decir hoy cuando vemos que personalidades «respetables» siguen liderando movimientos nacionalistas mientras contemplan las consecuencias de éstos en Bosnia?

---

[8] A propósito de plantear el problema de España por parte de Sánchez-Albornoz, escribía Francisco Ayala: «Lo curioso es que el supuesto a base del cual me condenó Sánchez-Albornoz y Marichal me absuelve, consiste en ese mismo nacionalismo que sustentaba los planteamientos noventaiochistas, y al que yo había procurado sustraerme entendiendo que el desarrollo histórico lo desautorizaba ya, y que no tenía objeto seguir insistiendo en actitudes cuya legitimidad intelectual había sido socavada por el curso de los acontecimientos. El "problema" de España que con tanto ahínco habían debatido generaciones anteriores, empezaba a perder sentido, pues la fase histórica de las nacionalidades estaba concluyendo sin que España hubiera llegado a ser de una manera plenaria una de ellas... El orden político de las nacionalidades estaba ya desbaratándose cuando yo escribía mi *Razón del mundo.*» (Francisco Ayala, *Hoy es ayer,* Moneda y Crédito, 1972.)

[9] «Ningún pensador político o sociólogo del siglo XIX ignoraba que el nacionalismo era el movimiento dominante de la época. Sin embargo, en la segunda mitad del siglo... se le suponía en declive.» («El retorno del bastón, sobre la ascensión del nacionalismo», en Isaiah Berlin, *Teorías del nacionalismo,* Paidós, Barcelona, 1993.)

[10] G. Stanley Payne, *El nacionalismo vasco,* Dopesa, Barcelona, 1974.

Estamos en pleno proceso de realización de los sueños nacionalistas. Perdidas las posibilidades de una reordenación de las sociedades de acuerdo con algunas de las ilusiones igualitarias, se retorna a las certidumbres de la tierra y de la sangre. Y observamos que muchos ciudadanos —políticos, profesionales de la universidad o de la comunicación— contemplan con tranquilidad esta irrupción de la irracionalidad nacionalista. Se niegan a aceptar que pueda tener unas secuelas que no sean las de cualquier otra opción política. No admiten la posibilidad, siquiera remota, de unas consecuencias violentas. Y, desde luego, ni siquiera intuyen que, aun cuando no se den éstas, se está deteriorando la convivencia, se está minando la capacidad «nacional», son una auténtica desgracia que impedirá que España pueda competir en igualdad de condiciones con los otros países europeos. Ignoran su significado tribal y su incapacidad para participar en empresas solidarias y comunes.

Ahora bien, la forma de oponerse a los nacionalismos y de frenarlos es asentar un concepto democrático y laico de Nación. Yo soy consciente de que no hay cuestión tan abrumada por los prejuicios como la que se aborda en este libro ni tan provocadora de pasiones y, por tanto, tan condenada a la incomunicación. En torno a ella los tópicos se interponen como paredes, las palabras están cargadas y se disparan solas, cualquier alusión levanta sospechas y un simple desliz te lleva al precipicio del malentendido. Tiene la seducción básica de «la tierra y la sangre» y han sido muchos los que se han asomado al pozo y han terminado confundiendo la superficie de su agua con el cielo. Así se han hundido cuando pretendían ascender a las estrellas.

Sé que camino por un campo de minas, pero creo que merece la pena el riesgo con tal de contribuir a la solución del problema nacional-regional de España. Me hubiera sido más cómodo quedarme en una crítica de los nacionalismos, pero creo que no basta con eso: hay que dar con algunas de las claves de nuestro comportamiento —me refiero a la izquierda española— y buscar la compatibilidad necesaria entre nuestra cultura de la libertad y la igualdad con la defensa de una concepción nacional.

3. De cómo Franco cegó a la izquierda

Si la batalla contra el Estado está siendo protagonizada por los nacionalistas con el consentimiento de los partidos estatales, la que se dio contra la Nación fue mantenida por los progresistas. Se dejó, así, la vía expedita para los Pujol y Arzallus, para Colom o HB. La negación de la Nación española era un acicate para que vascos y catalanes fortalecieran sus propios proyectos y sus expresiones violentas pudieran entrever la posibilidad de desbaratar el Estado, ya desnacionalizado, ya desprovisto de convicciones solidarias y cohesivas.

Si hoy el objetivo de los nacionalistas es el Estado; si Pujol rechaza ya la vía estatutaria como fórmula para resolver el problema histórico catalán; si Anasagasti dice que «si no nos dan el autogobierno, pediremos la autodeterminación»; si Arzallus anuncia que si no se llega a la desaparición de los Estados en la Convergencia europea «pediremos la independencia»; si Garaikoetxea admite la monarquía como fórmula de convivencia de varios Estados soberanos..., es porque la idea de Nación española o ha desaparecido o ha dejado de ser operativa. Y esta es la tragedia.

El Estado es en realidad más frágil que la Nación, ya que ésta es capaz de sobrevivir a temporales oscurecimientos, a períodos de confusión, a largas épocas de postración. Así como el

Estado puede irse al garete, la Nación, aun dormida, dura. Ahí está Rusia, una vez que ha desaparecido el Estado de la URSS a los setenta y cinco años de su fundación. Se equivocan, por tanto, los que piensan que la conciencia de Nación española es más frágil que la del Estado, en razón de que apareció mucho más tardíamente que aquél.

Si los nacionalistas vascos y catalanes consiguieran su propósito de convertir en Estados a Euskadi y a Cataluña como lo han conseguido Lituania o Eslovaquia, la Nación española seguiría asentada en aquellas regiones que se reconocieran en ella y seguiría siendo reclamada, con toda seguridad, por muchos miles de ciudadanos vascos y catalanes si es que las encuestas no mienten. La reacción de estos últimos en el caso de que se reprimiera la expresión de su identidad podría reproducir las actitudes del nacionalismo actual.

Y me parece normal que a los nacionalistas vascos, catalanes y gallegos les haya interesado que se reconozca su condición nacional. Más arriesgado y menos democrático me parece que quieran negar el derecho de muchos vascos, catalanes y gallegos a ser también españoles o sólo españoles. Verdaderamente peligroso me parece que no quieran reconocer la Nación española allá donde responde a las exigencias de lengua e identificación con el pasado, es decir, donde y por quienes es plebiscitada diariamente. Hubo un tiempo en que los progresistas españoles tuvieron una idea de la Nación coherente con su cultura política: democrática, plural y laica. La perdieron en los últimos tiempos del franquismo, la repudiaron y la dejaron a merced de los nacionalistas de un signo o de otro.

Así pues, el análisis de este momento tan delicado pasa por la crítica de la izquierda, que se ha desarmado a sí misma y ha desarmado a la sociedad frente a los nacionalismos. Ha sido un caballo de Troya de éstos en el centro de la misma Nación española.

Desde hace años a muchos españoles no les cabe en la cabeza una idea de Nación. Herederos de la confusión que alcanzó sus más altas cotas en la transición, piensan que una conciencia democrática no puede albergar sentimientos nacionales sin cobijar al tiempo un proyecto de subversión contra la Razón. Argumentación curiosa que vendría a contradecir los esfuerzos de los clásicos por encajar el concepto de Nación en los esquemas de la Ilustración.

Por tanto, a los progresistas les dio por pensar que la Nación es un concepto peligroso cuando se refiere a España, pero admirable cuando se aplica a la periferia. Incluso más: en este último caso lo admiten hasta en sus formas exaltadoras. Hay intelectuales castellanos que envidian al intelectual catalán capaz de emocionarse ante su tierra y sus tradiciones. Tal comportamiento paradójico supone un idealismo moral que es difícil encontrar en política. Es un fenómeno únicamente explicable a partir de los cuarenta años de patología españolista, pero no por ello justificable, sobre todo cuando se da en profesionales, en intelectuales, en políticos.

El franquismo cegó de tal modo a la izquierda —puesto que fue la izquierda la responsable de esta confusión— que la llegó a hacer creer que la idea de España era «intrínsecamente reaccionaria». Aunque volveré sobre la cuestión, me interesa ahora subrayar que la izquierda de los años veinte y treinta y la izquierda de la resistencia, y los republicanos y el mejor liberalismo español tuvieron una concepción de la Nación española democrática, libre, laica, republicana, liberadora...

Pero la idea de Nación española fue desalojada del ideario de la izquierda en los años finales de los sesenta y en la década de los setenta. Se perdió el hilo conductor, o mejor, se cortó. Porque la operación tuvo mucho de voluntaria. Ciertamente hubo una pérdida de la memoria histórica, pero no tan inocente como se supone a veces, sino que fue producto de operaciones de trueque, de componendas, de compromisos. Las normas de estilo de la convivencia que se fue montando sobre todo a partir de los años cincuenta, los pactos implícitos a la reconciliación de los restos de los dos bandos exigían olvidos, silencios, incluso tergiversaciones e imposturas. En todo ese proceso se fue sacrificando la Historia, se fue haciendo jirones la memoria y con ella la identidad española, que había sido, que había existido, ilustrada y heterodoxa. La «otra» España. Pero los progres la emprendieron contra España como si no hubiera habido más que la integrista, más que la franquista, más que la unitarista.

A pesar de haberse convertido en uno de los lugares comunes más universales el de las dos Españas, la izquierda se quedó con una sola en la práctica. Por tanto, aunque «supiera» que había habido dos Españas, no quiso aceptar más que la existencia de una, para repudiarla.

Laín Entralgo ha distinguido entre tres Españas: una, la tradicional, cerrada a toda innovación, a veces con violencia y que divide a los ciudadanos en españoles buenos y malos. Hay otra España progresista o revolucionaria, que está decidida a hacer violenta tabla rasa de todo nuestro pasado católico y cada vez más inclinada a pensar que desde los Reyes Católicos, y acaso desde Recaredo, nuestra historia ha sido un nefasto horror crónico. Y hay una tercera, «la tenue y sufrida España de Feijoo, Jovellanos, los secuaces del liberalismo doctrinario, de Larra y Balmes, de Valera y Cánovas, de Costa y Giner de los Ríos, de Cajal y el segundo Menéndez Pelayo, de la generación del 98, de Besteiro y Araquistáin, de Ortega, Castro y Marañón, españoles empeñados en que los españoles se instalen de un modo inteligente y eficaz...»[1]. (Como se ve, Laín utiliza el término progresista al modo del XIX y le concede un radicalismo mayor que al socialismo.)

---

[1] Pedro Laín Entralgo, *España como problema,* Madrid, Aguilar, 1957.

Al eliminar las diferencias entre las varias Españas, los progresistas permitieron que volviera a triunfar Franco, para quien sólo debía quedar una. Esta vez el éxito del dictador fue cultural e incruento, y de nuevo la España ilustrada volvió a perder a manos de quienes se consideraban o debían considerarse sus herederos.

Los progresistas españoles, al reducir el concepto de España a la reaccionaria, volvieron a derrotar a la República por segunda vez, fueron colaboradores de Franco y esta obra criminal desde el punto de vista cultural y político ha servido para que hayan podido justificarse plenamente los nacionalismos de la derecha periférica. Como se ve, toda una inteligente operación.

Esta reducción llevada a cabo por los progresistas fue intuida genialmente por don Miguel de Unamuno cuando, ya encerrado en su casa a cal y canto, desesperado, horrorizado por los crímenes del «fajismo», quizá con mala conciencia de no haberlo sabido ver a tiempo, utilizó la imagen de «una sola España que se suicida» en sus patéticas anotaciones tituladas *El resentimiento trágico de la vida*[2]. No dos ni tres Españas: la misma a ambos lados de la barricada.

La interpretación del suicidio de España, de una sola España que se mata, cobra en la palabra temblorosa, airada, del último Unamuno, una grandeza trágica. Los progres de los sesenta y setenta sencillamente matan a la otra España, a la que conocen de forma sentimental.

Y a medida que el progresismo se desnacionalizaba (ni siquiera se habían asomado a Gramsci ni habían intuido siquiera que la hegemonía de los comunistas en la cultura italiana se debía a su capacidad para dar respuestas «nacionales»), buscaba legitimación para los nacionalismos periféricos. Así que la izquierda estatal dejaba un sentido nacional propio para justificar el aje-

---

[2] Miguel de Unamuno, *op. cit.*

no y en el caso de la izquierda periférica añadía a sus atributos el de nacionalista. Naturalmente, muchos de estos progresistas, comunistas, socialistas, eran catalanes, gallegos, vascos. Nunca pudo soñar el pequeño banquero, promotor de la Enciclopedia Catalana, que iba a contar con tantos compañeros de viaje. Hasta que un día dejó de pagar sueldos.

Hay todavía una imagen más patética que es la de los nacionalistas de izquierda: en ello sigue Rafael Ribó y en ello están los chicos de Herri Batasuna. Ahora parece que el alcalde Maragall quiere llevar a un cauce nuevo, a Acció Catalana, el agua progre y nacionalista dispersa entre el Partido Socialista de Catalunya, Esquerra Republicana de Catalunya e Iniciativa per Catalunya. Para todos ellos y para los comunistas y socialistas castellanos y extremeños, murcianos y aragoneses, la bandera era un trapo exaltador de los más bajos sentimientos siempre que ese trapo no se llamara senyera o ikurriña.

De este modo se ha llegado a esta situación que yo califico de asimétrica e injusta por cuanto unos están legitimados para actuar en nombre de «su» Nación (catalanes, vascos, gallegos).

Las contradicciones de la izquierda llegan al punto de demonizar la idea de Nación y sacralizarla cuando va unida a la contestación. Así, si uno dice que la Nación es «la Amistad, Nosotros, la Familia...», será indefectiblemente criticado y en términos crueles. Haced la prueba, pero añadid en seguida que la frase es del escritor vasco Bernardo Atxaga. Entonces vuestro interlocutor se callará y quizá se atreva a decir «eso es distinto». He aquí el bellísimo texto del autor de *Ababaokoak* sobre la Nación:

> No únicamente los habitantes de un país o el conjunto de personas que hablan una misma lengua, sino sobre todo un plural reconfortante, una de las muchas formas de decir «nosotros». Sinónimo, por tanto, de Familia,

> Sociedad, Grupo; sinónimo también, al menos durante la edad primera, de Hermandad, Alianza, Comunidad, Amigos; sinónimo, por fin —en la edad en que el corazón del hombre inteligente ya no vibra con el flamear de banderas— de Quimera, Ilusión, Mentira Piadosa. Cuando digo Yo, me siento solo, pero ya no me quedan fuerzas para decir «Nosotros», escribió un poeta vasco en su última carta. De haber sido chino o japonés quizá lo hubiera expresado diciendo que «con el singular y el plural, somos tres»: Yo, Nosotros y un puente quebradizo[3].

¿Por qué se admite el concepto de Nación, su exaltación incluso, a un vasco, por ejemplo, y no a un castellano?

En este punto interviene otro de los falseamientos de nuestro pasado más inmediato, según el cual hubo regiones especialmente castigadas por los vencedores de la guerra. Así el País Vasco o Cataluña, donde la represión fue menor que en Badajoz (la matanza de la plaza de toros) o en Valladolid (los fusilamientos de San Isidro). Hasta que Santiago Rodríguez Santerbás no escribió sobre el compositor Antonio José nadie sabía que había sido fusilado en las cercanías de Burgos. Hasta en esto de la represión ha habido regiones con buenas relaciones públicas.

Si a un castellano viejo se le ocurre decir que la identidad nacional se lleva en los genes no se desprende del sambenito racista para el resto de sus días. Lo puede decir impunemente el tristísimo Raimon Obiols —como lo dijo—, entonces la cosa cambia. ¿Cómo se interpreta el homenaje de un socialista madrileño al conde de Mayalde como Pasqual Maragall lo hizo sobre Porcioles, a quien considera un honesto catalanista? Debemos convenir que hay un doble rasero político y moral y que tiene

---

[3] Bernardo Atxaga, «Babelia», *El País,* 11 de septiembre de 1993.

mucho que ver con el prestigio de cada una de las naciones. De hecho, la osadía hitleriana de Arzallus sobre la personalidad biológica, histórica y social de los vascos ha quedado deglutida por la voracidad de la crónica diaria como si hubiera sido un pequeño desliz. Existe un interés muy fuerte en perdonar las irracionalidades de los nacionalistas periféricos, así como en aceptar el desigual tratamiento que se da a símbolos, hechos históricos, con consideradas dramatizaciones idealistas.

El caso español ha tenido unas características propias, derivadas de la confusión de identidades producida por la dictadura del general Franco, pero existen además otras razones que tienen que ver con los nuevos caminos que ha encontrado la izquierda al ver bloqueados sus derroteros. Como ha escrito Alain Touraine: «Esta ansia de zafarse de la crisis y de la descomposición, de construir su futuro volviendo a las fuentes de su pasado, da vida a los movimientos regionalistas y nacionalistas. Todos se oponen al tradicionalismo y al folclore que distrae a los turistas acomodados. Todos pretenden ser modernizadores y persiguen, en el resurgimiento de su lengua o en la independencia, la manera de crear un deseo colectivo de progreso, capaz de estructurar una sociedad diferente, fiel a su pasado pero abierta a las aportaciones más innovadoras. Antaño, en Bretaña sobre todo, pero también en la Provenza, el regionalismo era conservador, incluso reaccionario. Hete aquí que súbitamente se torna contestatario, violento o revolucionario...»[4].

Así, en la izquierda se ha producido un giro copernicano por cuanto antes abogaba por la liberación de las tradiciones, de las hablas regionales, lo general frente a lo particular. «Los valores cambian de signo. Lo que era habla regional vuelve a ser lengua, lo que era tradicionalismo vuelve a ser identidad. El nacionalismo, valor supremo de las derechas, se convierte en

[4] Alain Touraine, *El postsocialismo,* Barcelona, Planeta, 1982.

el estandarte de los movimientos y de los Estados anticolonialistas.» Para Alain Touraine, los movimientos nacionalistas, ya aspiren a crear un Estado-Nación, ya simplemente una nación, no escapan a algunas contradicciones fuertes desde el punto de vista de la izquierda. Aquellos que se convierten en movimientos de liberación nacional no pueden ser al mismo tiempo movimientos sociales, sino que deben anteponer aquélla a éstas.

Si se quedan en movimientos autonómicos y regionalistas pueden terminar por ser aliados secundarios de movimientos organizados a una escala de mayor importancia y que sacan su fuerza sobre todo del centro del territorio, más industrializado. Tanto en un caso como en el otro hay un riesgo de heteronomia, incluso de asfixia de los movimientos sociales.

En España, sin duda alguna movimientos nacionalistas como ERC o partidos de izquierda que integran concepciones nacionalistas, como es el caso de IpC, tendrían que tener en cuenta el destino que les augura Touraine. En el caso de Rafael Ribó, de ideología comunista, resulta patético su interés por desbordar desde el nacionalismo de izquierdas al PNV o a CiU. Ribó acusa a éstos de admitir el nacionalismo españolista que, según él, impregna la Constitución. Es el representante más genuino de una izquierda que tomó como una cruzada la liquidación del españolismo nacionalista una vez muerto Franco, en la letra y el espíritu de la Constitución, cuando, como digo, se ha dado un fenómeno de peligrosa desnacionalización. Es el ejemplo típico de quien puede ser nacionalista pero no admitir que exista la Nación española, ni se pueda hablar de «lo que conviene a España», de «los intereses de España».

La negación de España como Nación y, por tanto, como sujeto, es bien expresiva de esta corriente de opinión. Irrelevante, por otra parte, tanto desde el punto de vista de la izquierda española como desde el punto de vista de los nacionalismos, sí puede constituir un problema para Izquierda Unida. Pero es una contradicción de tantas que Anguita no se atreve a plantearse siquiera. La lectura de *Catalunya, nació d'esquerra*[5] resulta verdaderamente instructiva: es un acicate a los nacionalismos catalanes para que tengan conciencia del instrumento fantástico que tienen en sus manos y que hay que saber llevar hasta las últimas consecuencias. En definitiva, la maravillosa, seductora aventura de las nacionalidades que llegan a componer un Estado que puede desaparecer como la URSS en setenta y cinco años. Infantil: Ribó expresa lo que Pujol calla.

Por tanto, se concede un plus, una justificación, una categoría liberadora a los nacionalismos reivindicativos o defensivos. Sucede, sin embargo, que en el caso de Cataluña y del País Vasco difícilmente se puede argumentar una situación de postergación económica. Más bien se traen razones históricas y culturales para justificar el abandono de lo nacional-español como un fardo, como una carga que compromete el propio desarrollo económico. En realidad, todas las dudas independentistas de Jordi Pujol y de Xabier Arzallus se derivan de su inseguridad económica. Los nacionalistas catalanes y vascos únicamente mantienen su vinculación política a causa de los intereses de mercado. Esta utilización, no disimulada en ocasiones, es interpretada por políticos de Madrid como una renuncia al independentismo. No intuyen que si el Estado no se rompe, la Nación queda anulada a causa de ello.

En el caso del País Vasco la tendencia a la separación se da por razones étnicas al tiempo que económicas. En todo caso —no es el supuesto de Galicia—, los movimientos nacionalistas vasco y catalán son fugas, escapes de situaciones dificultosas. Se trata de un abandono de responsabilidades. Cataluña se plantea a finales de siglo pasado y comienzos de este, no tanto el lide-

---

[5] Rafael Ribó, *Catalunya, nació d'esquerra*, Barcelona, Edicions 62, 1988.

razgo de España cuanto una deserción. Por todo ello, no cabe hablar de reacciones defensivas o liberadoras en el sentido tercermundista; ni siquiera tienen que ver con los movimientos de Bretaña o Provenza. En una palabra, el País Vasco y Cataluña pretenden liberarse de la carga que se deriva de la solidaridad. Por todo ello, ¿por qué en su caso la idea de Nación puede gozar de una interpretación favorable y en el caso de España ha de ser castigada con la interpretación peyorativa?

La perversión intelectual y política de asimilar todo lo nacional-periférico a liberación fue una operación de doble filo: por un lado, conectar con las burguesías nacionalistas catalana y vasca; por otro, debilitar el régimen franquista en la medida en que se lesionaba la cohesión nacional y España como clave cultural. Por tanto, reivindicaciones como la autodeterminación parecían instrumentos de una gran eficacia. El franquismo terminaría siendo derrotado en la medida en que tuvieran arraigo popular las reivindicaciones regionales y nacionalistas. Naturalmente, este proceso se veía facilitado por la crítica cultural de la historia española en general y la exaltación de fenómenos periféricos que se consideraban en contradicción con la cultura española. ¿Tiene sentido hacer comparaciones entre *Tirant lo Blanc* y *El Quijote* para sacar consecuencias autonomistas?

La seguridad moral que daba el estar contra Franco justificaba todo tipo de audacias intelectuales: nunca la historia española ha sido tan perseguida, tan tergiversada, tan vulnerada desde la ignorancia y el capricho al servicio de fines políticos.

De aquella algarabía ha quedado una propensión al menosprecio de la idea de Nación española cuando no la convicción de que es necesario ser beligerante con ella. La confusión va desde quienes creen que aquélla no existe más que en la letra de la Constitución hasta quienes piensan que es un león dormido. De hecho se sabe qué cobija el término «Nación catalana», pero no lo que comprende la Nación española. No se sabe por qué no se quiere admitir que si Nación es un plebiscito cotidiano ahí está la Nación española desde Tarifa a Irún, desde Ciudad Rodrigo a Tortosa. Pero no queda únicamente confusión o ignorancia o acomplejamiento, existe, además, en algunos sectores, una beligerancia que llega hasta el punto de negar la condición nacional española a los españoles. Piensan éstos que hay murcianos, andaluces, castellanos..., pero no españoles. Que el término español le afecta a uno en cuanto ciudadano. Esto es, no quieren que nadie se cobije bajo esa condición. Ellos, tan despectivos con lo español, argumentan que ese patrimonio es de todos y que no se puede utilizar de modo exclusivo. En una palabra: lo que ellos no quieren ser no se lo dejan ser a otros. Esta actitud es una forma eficaz de anular del todo la eficacia posible de lo nacional-español. En este sentido la batalla en torno a la denominación del idioma de España fue de una enorme trascendencia. Y fue ganada por los nacionalistas. En efecto, con motivo de la redacción de la Constitución hubo una oposición muy terca a la utilización del término español en referencia al idioma. La polémica, digo, no era ni ingenua ni baladí. Una de las características de una Nación es, junto con el territorio y con el legado histórico, el idioma. Quitar a España el idioma es quitarle su condición de Nación. Así que el idioma tenía que ser el castellano, esto es, de una parte de los españoles, no de todos. No se podía admitir el término «idioma español» ya que por esa vía se aceptaba que un español puede serlo además de ser catalán, como habla español y habla catalán. Lo que pareció en principio generosidad (lenguas españolas son también el euskera, el gallego y el catalán) era una reducción de lo español a lo castellano. De hecho, Pujol cree —y así lo ha escrito— que hay una nación catalana y otra vasca, y otra gallega y otra, por supuesto, castellana, pero no española. No quiere asignar a nadie la exclusividad nacional española. Por esa razón también niega que exista una cultura «española».

Pero con ser esto importante para la identidad y para la convivencia (Pujol tiene derecho a los símbolos, los demás no), lo más grave es que no se ha llevado una idea de la Nación a la vida misma. ¿Qué quiero decir? Que cuando no se cree en la Nación no tiene por qué haber una política industrial «española» ni cabe hablar de una cultura «española», ni de un cine «español». Ni se sabe la importancia que tiene para la identidad colectiva que existan marcas, patentes, expresiones de la creatividad común, nacional. A esto, algunos, como el ex ministro Semprún, lo llaman nacionalismo de izquierdas.

Es verdaderamente paradójico que aquellas personas que no son capaces de concebirse a ellos mismos desarraigados de la Nación, nieguen a otros la posibilidad de sentirse vinculados a una Nación. Para los nacionalistas vascos y catalanes al eliminar a España como Nación y dejarla reducida a Estado dejan huérfanos a castellanos y murcianos y extremeños...

Maragall, alcalde de Barcelona, se queja de que los españoles restantes no valoramos a Cataluña lo suficiente como para que ésta se decida a dirigir la Nación. Pero ¿acaso alguna vez alguien ha pedido permiso para actuar hegemónicamente? Su fallo está tanto en su seguidismo del nacionalismo catalán como en la negación del concepto de España como Nación. Y hoy ciertamente Cataluña ejerce una hegemonía económica y la influencia política que ella misma quiere marcarse.

Para que Cataluña o el País Vasco dirigieran este país tendrían primero que pretenderlo, y para ello tendrían que superar su nacionalismo recortador, para ello tendrían que tener una voluntad que al parecer no tienen y tendrían que hacer compatible en su estrategia hegemónica la creencia en una doble nacionalidad. Escribe Molas en el frontis de su libro *La ciutat llunyana:* «Potser el fet de major trascendència per a la marxa d'aquest país és l' abdicació de la classe dominant de la correspondent funció dirigent. Una nació en què la clase dominant no té voluntad ni capacitat hegemòniques és una nació en crisi.» Después de un recorrido histórico para demostrar que la afirmación anterior se viene cumpliendo desde el XIX, la República, la guerra civil, el franquismo: La burguesía catalana «Franquista sense probleme ni entusiasmes, féu insensatament la viu-viu i anà perdent les posicions dominants a Espanya. Ni des de l' estructura franquista... ni des de l'oposició... hom oferí cap proyecte sòlid perquè la nostra burguesia, recobrés no sols l'embrazida econòmica sinó, sobretot, la direcció social del país que domina... I la situació no sembla reversible: la burguesia catalana no sap què fer de Catalunya, a part de viure' ni de destruir-la de forma sistematica... Per això está disposada a tot. A tot, excepte a intentar dirigir la construcció del país, a encarar-se amb el probleme de fond: des de les bosses d'inmigració a la destrucció de la naturalesa, des de les formes de vida als valors morals, des de la cultura a la irradació exterior, des de la reconversió industrial a la dignititat de l' existencia individual. No res a dir. Per no fer, ni tan sols no ha sabut fer un setmanari en catalá. Per no tenir, ni tan sols no té intellectuals. Un poble en què la classe dominant no dirigeix, o canvia de classe dominant o està orientant-se vers una situació caòtica: vers el camí d'una nació sense historia»[6].

Ante todo es preciso decir que en la práctica —en el lenguaje, en el discurso político, en las relaciones de partidos— los nacionalistas no plantean la afirmación de su nación frente a la Nación española, sino frente y en relación con el Estado.

Para los líderes nacionalistas es difícil enfrentarse con la Nación española. Prefieren que el interlocutor, incluso el enemigo, sea el Estado. El terreno de juego que aceptan es esta bipolaridad. Se entiende: ellos, que basan todo su ser político en la Nación, no tendrían argumentos. Pero ¿acaso la idea de Nación española no está en la Constitución («indisoluble unidad de la

---

[6] Isidre Molas, *op. cit.*

Nación española, patria común e indivisible de todos los españoles»)? Ciertamente, pero ellos piensan que es mera letra, una convención.

Pujol y Arzallus no reconocen, pues, una Nación española. Según aquél, hay varias: la castellana y su proyección natural; la catalana y su proyección; la vasca; la gallega. Ahí termina su clasificación. ¿Y la española? No existe, dirá Pujol. ¿Y cuál es el referente nacional de un murciano? Castilla, dirá Pujol, o que se lo invente. Pero no lo español, que es de todos. Es decir, es una convención, una construcción para la convivencia y cualquier utilización de dicho término es interpretado por los nacionalistas como algo indebido, un despropósito, una agresión a la convivencia, un signo de imperialismo, de españolismo... Lo español es tierra de nadie. Así, con esta interpretación de lo español, se erosionan los fundamentos de España. De este modo se ha convenido, gracias a la inteligencia de unos y a la torpeza de otros, en que es mejor dar por inexistente la noción de Nación española.

Este es el punto clave: ¿existe ésta o no?, y si decimos que sí, definámosla. Es decir, comprobemos quiénes se sienten como tales. No españoles ciudadanos de un Estado, que eso lo somos todos queramos o no, lo somos por el DNI, sino partícipes de la idea de nación.

Es cierto que —tal como demuestran las encuestas— un buen número de españoles tiende a valorar la pertenencia al pueblo, cosa normal en una población de origen rural y que ha tenido amargas experiencias «nacionales». Como se puede comprobar por las encuestas, el sentimiento de pertenencia a la nación, aunque sea aún el más alto, es relativamente débil. De este modo, los vínculos nacionales son suplantados por los de la patria chica y la comarca, al tiempo que se busca una identificación supranacional en Europa. «El hecho incontestable es que lo que solíamos llamar España se ha desnacionalizado. Se admite que sea un Estado, pero ya no es una nación... Lo que no podemos negar es que ha habido y hay españoles»[7].

Esta conclusión de Jiménez Losantos es evidentemente correcta a juzgar por las investigaciones sociales. Pero hay que tener en cuenta un dato importante: la definición de nación como plebiscito cotidiano correspondió a un momento de tensión territorial en Francia. Renan no podría haber hecho su definición de la nación en circunstancias normales. Quiero decir que los porcentajes aún altos de personas que en el País Vasco y en Cataluña se sienten españoles además de vascos y catalanes serán el testimonio de la nación española en circunstancias de tensión. Este hecho resulta insoportable a los nacionalistas y de ahí su afán de homogeneización y su empeño en deslegitimar a esta población como catalana o vasca.

[7] Federico Jiménez Losantos, «La cultura política», en *La sociedad española: 1992-1993*, dirigido por Amando de Miguel, Madrid, Alianza Editorial, 1992.

4. Si España cae...

> Si España cae, digo, es un decir...
>
> CÉSAR VALLEJO, *España, aparta de mí este cáliz.*

En la labor de derribo, primero de la Nación y luego del Estado, se comenzó por la destrucción y desprestigio del nombre mismo de España. No hay precedente. Los apóstoles de esta campaña eran gentes de izquierda y nacionalistas y, desde luego, contaron con la colaboración de buena parte de la izquierda española. Algún día habrá que rastrear en la prensa los orígenes de esta moda al servicio de los nacionalismos. No se hizo sin resistencias, pero desbordó cualquier tipo de defensa. Recuerdo que en 1979 escribí un artículo en la revista *La Calle* titulado «Yo digo España». Tuve adhesiones reconfortantes. Nadie osó enviar una carta de réplica. Desde el punto de vista cultural, el empleo sistemático del eufemismo «Estado español» tuvo una enorme trascendencia, puesto que cada vez que se producía la elusión se estaba rechazando la idea de España como Nación, incluso como denominación territorial, lo cual llevaba a casos grotescos que aún hoy se siguen dando. La moda fue paralela a la de escribir en castellano Catalunya por Cataluña. Era toda una campaña en la que la izquierda hizo de «compañera de viaje» de Pujol.

La izquierda al actuar así mataba su propia tradición. Renegaba de sí misma. Toda la tradición progresista y de izquierdas hasta los años sesenta era sacrificada simbólicamente con la utilización del eufemismo. Y, asimismo, la izquierda renunciaba simbólicamente a una cultura nacional.

Porque, efectivamente, España puede «caer» si no se pacta un modelo autonómico definitivo, si prosiguen las reivindicaciones nacionalistas más allá de los supuestos estatutarios y constitucionales, en escalada interminable; si no se acaba con la situación de provisionalidad, ya exasperante, creadora de una incertidumbre latente, lesiva para la salud colectiva. Caerá si la política de los partidos estatales se acomoda a secundar *ad infinitum* la estrategia de los nacionalistas.

Caerá si no se vuelve al espíritu inicial de la transición, de la redacción de la Constitución y de los Estatutos. En una palabra, si no se conviene de una vez por todas que el modelo de Estado y su contenido no puede ser distinto al autonómico.

Pero cuando digo, es un decir, que España puede caer me estoy refiriendo —entiéndase bien— a España como Estado, que es a lo que ha ido quedando reducida. Porque España como símbolo y como la expresión en la que se reconoce un pueblo, un colectivo de ciudadanos, fue ya echada por tierra si bien en círculos minoritarios, no masivos ni populares. Fue un intento de derribo.

Se rechazaba el nombre y su contenido: el pensamiento progresista español echaba por la borda su patrimonio, el patrimonio azañista e ilustrado sobre la Nación. España aparecía como la evocación de un instrumento ideológico reaccionario.

Al renunciar a toda una concepción de la vida y de la sociedad que vienen conexas a la de Nación, los progresistas de los años sesenta y setenta pensaban ingenuamente que con ello se depuraba su condición intelectual. Al desnacionalizarse se sentían exentos de esa irracionalidad que es pegajosa como la sangre o como la arcilla mojada. No se daban cuenta que estaban confundiendo lo español con el españolismo. Fue un error colectivo de proporciones colosales, disculpable por las condiciones en las que se produjo: ausencia de libertades, ausencia de maestros, ruptura con la tradición...

Podía imaginar César Vallejo cuando escribió estos versos, poco antes de morir en París y con aguacero, que Madrid sería tomado por las tropas de Franco y que con ello caería España. Y así fue, y lloraron en efecto los niños del mundo. Lo que no podía pasar tan siquiera por la poderosa imaginación del autor de *Los heraldos negros* es que el nombre de España, de tan alto valor simbólico, el del primer bastión frente al fascismo, sería rechazado por las gentes de izquierda, por los propios herederos de aquel Juan que pintaba en el suelo al morir «biban los compañeros». ¿Cómo imaginar que el nombre de España habría de ser sustituido por eufemismos como Estado español? ¿Acaso el propio Cernuda, tan «español sin ganas», se habría llegado a avergonzar de la «viva y noble» España de Galdós de la que se reclamaba? ¿De la España víctima de los mercaderes?

El capítulo en el que hemos entrado es un episodio biográfico de la izquierda española vergonzoso desde el punto de vista cultural, repugnante desde el punto de vista moral, injusto desde el histórico. Con genial intuición también Cesar Vallejo escribió:

> ¡Cuídate, España, de tu propia España!
> Cuídate de la hoz sin el martillo,
> cuídate del martillo sin la hoz...
> Cuídate del futuro.

Es un capítulo escrito por el progresismo español ya en una etapa de confusión, de ceguera casi, porque frente a la claudicación definitiva, frente al capital y el orden y la racionalidad del sistema tenía que sacrificar algo y sacrificó precisamente el emblema patrio. Y había otra razón: la eliminación de la España republicana como símbolo, de España misma, facilitaba la transición. Quedaba España reducida a Estado y de esta manera se conseguía la adhesión de los nacionalistas y desaparecían los contenciosos entre las dos Españas, una de las cuales había estado representada por los franquistas y ex franquistas. España, en el corazón, la España machadiana y cernudiana, la España de Azaña y de Negrín obligaba a mucho, a no compartir mesa y mantel con tipos infames. Y hubo que hacerlo; es decir, mientras algunos se veían obligados a hacerlo sacrificaban aquella España y esta, a que debemos proponernos. Era un signo de distinción de un progresismo que mataba la posibilidad de reivindicar el pasado serio. «Estado español» era como el taco, como el exabrupto compartido. La derecha o los ex fascistas lo entendían demasiado bien. Y lo aceptaban.

España republicana era, en efecto, un emblema moral que obligaba a opciones difíciles. La idea de una Nación es un mandato moral y cuando se es agnóstico tiene una influencia decisiva en la vida pública. Estoy con Max Gallo en que no es lo mismo operar en la realidad con la idea de una Francia de De Gaulle que con una Francia de Pétain. No es lo mismo operar con la idea de una España azañista que con una España franquista. O no tener, sencillamente, una guía de acción. Porque la Nación representa una voluntad colectiva en un momento dado y concreciones del pueblo a lo largo de la Historia.

La aberración de los progresistas fue dar por buena la version franquista de España ¡cuando la Nación española como tal fue negada por cuanto la voluntad de la mayoría de los españoles fue sometida! Es decir, los progresistas al renegar de España daban a entender por lo mismo que el franquismo representaba la voluntad del pueblo. ¿Alguien ha podido llegar a identificar a Chile con Pinochet? Los progresistas españoles renegaron de «su» Allende.

Así, uno decía o escribía Estado español y ya se identificaba como progresista. Pero ¿qué era Estado español sino aceptar los estrechos márgenes de la transición, mucho más angostos que los que hubiera exigido el modelo actualizado de una España republicana (aunque monárquica)?

Pero ahí estaba la aberración: la afirmación del progresismo dependía de la negación de España. No estaba ausente en esta infamia la influencia de los nacionalismos. No escapaba tal estupidez conceptual a una bien planteada jugada que desbordaba el lenguaje para dinamitar el concepto de Nación. La jugada de quienes exaltan la Nación para impedir la normalización de la idea progresista de Nación.

Hubiera querido obviar el mal trago de estas páginas. Imposible. Este fue un síntoma de todo un desfondamiento de la izquierda, que es obligado recordar y criticar, y que no ha dejado de tener consecuencias graves en la cuestión nacional-regional que nos preocupa. Decir «Estado español» era todo un programa de impotencia política, de oportunismo, de seudointernacionalismo. No lo puedo obviar. La desesperación de no poder acabar con Franco llevó a perversiones como esta de revolverse contra la historia de España y el nombre de España misma. Si la leyenda negra había tenido, al fin y al cabo, una procedencia «internacional», en este caso el ajuste de cuentas fue interno, nacional. Mientras Jordi Pujol escribía su *fer pais* o *Construir Catalunya,* nuestros intelectuales de izquierda aceptaban la destrucción de la Nación española, aceptaban la mísera realidad de una construcción jurídica. Es decir, el Estado autonómico será una obra maestra en el caso de que no desaparezca su carácter nacional.

La izquierda, desesperada por el temor de no acabar con Franco antes de que se muriera en la cama, buscó subterfugios tales como acabar con el nombre de España. El nacionalismo «disgregador» llevaba en sí —pensaban los partidos de izquierda— una capacidad de liberación que no tenían otros movimientos, ni siquiera el obrero, ya metido en la harina del consumo. De este modo la izquierda insufló energía a unos nacionalismos que si no habían llegado a tener un relevancia especial hasta las vísperas de la guerra civil, como ha escrito el profesor

De Blas, se crecieron en el franquismo, sobre todo en la última etapa y gracias al apoyo incondicional de la izquierda. Ha escrito De Blas: «La fácil aceptación por la izquierda del reverdecimiento de las pretensiones nacionalistas presentadas ahora con las más eficaces instancias de transformación revolucionaria, no se produciría, sin embargo, en el vacío... Si los nacionalismos más radicales pudieron ser en la Europa de los sesenta una animación de un proyecto revolucionario necesitado de sustituir la traición del proletariado, los nacionalismos vasco y catalán fueron unos ineficaces dinamizadores de la lucha política contra la dictadura de Franco... Estudiantes, profesores e intelectuales tendían a acoger con simpatía lo que había de justo y exagerado en las pretensiones de unos nacionalistas periféricos capaces de protagonizar acciones de "masas"... La opinión comunista superó siempre en su filonacionalismo periférico al resto de los partidos estatales» [1].

Quizá por esto el PCE quedó sumergido en Euskadi. ¿En HB?

La asunción por parte de la izquierda de reivindicaciones que apenas se atrevían a formular los nacionalistas (Pujol hablaba de *fer pais* y en la inicial Convergencia predominaba el perfil socialdemócrata) tenía un aire mimético del tercermundismo. Pero mientras la autodeterminación quedaba en el frontis del programa máximo, la izquierda se entregó a una labor de liquidación de aquellos valores culturales a los que se les suponía una virtud de cohesión. Se entró a saco en el patrimonio cultural y nada se dejó sin tocar. Eran tiempos en los que estaba de moda entre intelectuales disparar contra El Escorial, por ejemplo, como representación del imperialismo castellano aún vigente en sus consecuencias, esto es, como si El Escorial fuera un instrumento franquista. El infantilismo de esta izquierda llegaba al punto de hacer juicios estéticos peyorativos sobre él en la convicción de que de

---

[1] Andrés de Blas Guerrero, «El problema nacional-regional en la transición», en *La transición democrática española,* Madrid, Sistema, 1991.

este modo dañaba al franquismo. La ignorancia y la deshonestidad no paraban en barras: el «progre» golpeaba a Fernando el Católico sin enterarse que para su admirado Maquiavelo había sido la representación del príncipe. La cultura y la información fueron avasalladas por las «buenas» intenciones políticas.

Fue una empresa de desprestigio de la cultura española que vino a negar la identidad española de fuste liberal e ilustrado. Era el halago a catalanes y vascos desde el rompeolas madrileño, cuya dirigencia política ni sabía ni quería reivindicar su imagen republicana y democrática. De este modo España y Madrid quedaban identificados con la profesión de fe nacionalista y con el ultraderechismo. Afortundamente la extrema derecha se encontraba en período de extinción y no pudo sacar más provecho de la exclusiva de los símbolos, aunque pretendió tapar el horror de varios asesinatos con la banderita pegada en el reloj. Nunca en país alguno ha habido una izquierda tan insensata —en complicidad con la derecha liberal— que haya cometido una estupidez de tipo propagandístico tan enorme como la que se perpetró en España al regalar el nombre de la Nación y hasta el uso *ad libitum* del patrimonio histórico. Todo era fascismo: Unamuno, Ortega y Gasset, Madrid... La iniciativa de Santiago Carrillo de asumir como propia la bandera española y las resistencias con que se aceptó indican hasta qué punto de confusión se había llegado. El PSOE, que tenía metido en el armario a Largo Caballero y, sobre todo, a Negrín, que renunciaba por sistema a toda referencia del pasado, con lo único que «jugó» hasta bien entrada la transición fue con las banderas republicanas, su progresismo se manifestaba en el rechazo de la bandera institucional. Mientras, los nacionalistas iban montando su mítica —por la cual algunos mataban— y los catalanes se dedicaban a limpiar de adherencias fascistas a los intelectuales de su interés.

Este fue el contexto en el que los progresistas renegaron del nombre de su patria y se quedaron, por tanto, sin denominación de origen.

Se comenzó a negar la vinculación afectiva a la historia de España y a la realidad nacional en el lenguaje coloquial y en el académico, en el periodístico y en el ensayístico.

La moda del eufemismo se impuso con tanta facilidad como la minifalda de Mary Quant.

La hegemonía cultural de Barcelona y el prestigio del martirologio vasco se aliaron con el masoquismo madrileño y español en general, con el deporte de alancearse a uno mismo, a la Nación española.

Recuerdo de aquellos años el gran empeño que se puso en romper la idea histórica de España, la idea de una cultura española como argumento para la fragmentación territorial, prólogo de una liberación de pueblos. Junto a esta aberración se mantenía la ilusión de que el PCE —yo no viví la experiencia del PSOE— seguiría siendo el Partido Comunista «de España», partido único y con centralismo democrático: el modelo de la URSS. A estos efectos la unidad debía ser férrea. La fragmentación, la diferenciación, la autonomía eran necesarias para las naciones y regiones, no ya para el partido. El ejemplo de la URSS, o de cualquier otra federación, era bien distinto al caso español, pero en el PCE no se quería ver: una federación es una agregación, la construcción a partir de una diversidad, mientras en el caso español se pretendía —y aún se pretende cuando se habla de federalismo— la desagregación controlada de un Estado que lleva funcionando cinco siglos. Por cierto, ahora es Felipe González quien aplica esta doble medida: para el Estado las autonomías, para el partido la unidad. A estas alturas, cuando uno se estremece de pensar qué hubiera quedado de España si hubiera tenido que depender de la cohesión y fuerza del PCE, todavía hay quien funda la estabilidad y cohesión españolas en el PSOE.

El patetismo al que antes me referí surgía ante la contradicción entre las dos culturas: por un lado, la nacional española tal como culminó en la II República, tal como se manifestó en la guerra civil y en la resistencia hasta los años sesenta y, por otro, la conciencia vergonzantemente española de finales de los sesenta y setenta.

Para darnos una idea del cambio cultural que se produce en pocos años, al filo de los cincuenta y los sesenta, respecto a España, basta con hacer una rápida lectura de nuestros escritores de este siglo, incluida la generación de los cincuenta. La constante «patriótica» desde Rubén Darío a Gil de Biedma sorprende en estos tiempos de descreimientos nacionales y de fervores nacional-periféricos. Creo oportuno recordar la lector la relación profunda entre nuestros escritores y la patria y lo haré con algunas citas de poemas bien conocidos, ya que los testimonios de ensayo o novela nos desbordarían en el espacio. Carme Riera recordaba en su estudio sobre *la escuela de Barcelona* el trabajo de José Luis Cano sobre la presencia de España en nuestra poesía contemporánea[2]. Dudo que país alguno, nombre de nación alguna, haya sido tantas veces utilizado como símbolo por sus poetas. «En todos mis libros está presente España siempre, totalmente siempre, y aunque parece que no se está hablando de ella, lo está siempre», confesaba en Roma, todavía exiliado, Rafael Alberti a Antonio Rayo[3]. Quizá en Alberti fue mayor que en cualquier otro poeta el desgarra-

---

[2] Carme Riera, *Escuela de Barcelona,* Universidad Autónoma de Barcelona, 1988. El tema de España gozó de amplia resonancia y vario tratamiento en la poesía de la posguerra, escribe Riera. José Luis Cano observa que es Carlos Bousoño el primero en introducirlo, ya que su primer libro, *Subida al amor,* publicado en 1945, incluyó «tres hermosos y graves poemas sobre España». Para ser estrictos cabría señalar que no fue Bousoño el primero en recuperar el tema, sino Dámaso Alonso, al recoger en *Oscura noticia* (1944) tres poemas dedicados a Unamuno... España se convirtió en tema casi obligado tanto para la primera promoción de la posguerra (Crémer, Nora, Otero y muy especialmente Celaya) como para la segunda: Caballero Bonald, Ángel González y Valente... Los componentes de la Escuela de Barcelona, Jaime Gil y José Agustín Goytisolo también le dedican poemas.

[3] Antonio García Rayo, Entrevista a Alberti, *Triunfo,* núm. 553.

miento del exilio. Él fue quizá de todos los trasterrados quien expresó más intensamente la nostalgia por la arboleda perdida. El poeta del exilio por excelencia, le definió el profesor Llorens.

Juan Ramón Jiménez llevó su obsesión española a Nueva York hasta tal punto que «en el jardín de St. John The Divine, los chopos verdes eran de Madrid; hablé con un gato y un perro en español...» *(Tercera Antolojía,* 1957), y era España el vínculo, casi el único a veces, que unía a unos con otros: «En el dolor de España te he sentido», le dice Altolaguirre a Antonio Machado, ya muerto. A Emilio Prados no le impidió su militancia comunista ser el poeta de una mística laica, nacional, que llegó a considerar a España tierra predestinada («El Cristo está aquí en España»). Juan Larrea interpretaba así la visión de Prados, en un estudio introductorio a su poesía: «Madrid, centro geométrico de España a donde se introvertió mística y disparatadamente la vida nacional cuando el impulso místico traducía la sustancialidad de nuestra Península.»

Miguel Hernández cantó a la madre sufridora:

> España, piedra estoica que se abrió en dos pedazos
> de dolor y de piedra profunda para darme,
> no me separarán de tus altas entrañas,
> madre..., además de morir por ti...

Pero España como material poético iba a saltar a la posguerra. Así, en Blas de Otero:

> Madre y maestra mía, triste, espaciosa España...

Y a los poetas de los cincuenta, como José Agustín Goytisolo:

> Soy, me decía, del país más hermoso de la tierra;
> te imaginaba, España, pobre y pura,
> maravillosa como el agua, libre.

Hay una línea que viene de Cernuda y que él, a su vez, recoge de la tradición de las dos Españas. Ninguno tan amargo como él para la tradicional y, por lo mismo, anhelante de la otra:

Sí, yo soy español, lo soy
a la manera de aquellos que no pueden
ser otra cosa; y entre todas las cargas
que, al nacer yo, el destino pusiera
sobre mí, ha sido esa la más dura.
No he cambiado de tierra
porque no es posible a quien su lengua une
hasta la muerte, al menester de poesía...
Soy español sin ganas...
La real para ti no es esa España obscena y deprimente,
en la que regatea hoy la canalla,
sino esta España viva y siempre noble
que Galdós en sus libros ha creado.
De aquélla nos consuela y cura...

En dos palabras resumía la dualidad española Vicente Aleixandre: «España, escoria y flor.»

Es en los sesenta cuando comienza la destrucción del imaginario colectivo español, republicano, libre, democrático, cuando se pierde el nervio del 98 *et alii.* La autocrítica de algunos intelectuales, la crítica simplemente del nacionalismo españolista tiene un poema, a mi entender, paradigmático, cuya lectura me resultó muy estimulante. A su autor, José María Valverde, se le debe la frase de «No hay estética sin ética», texto del telegrama que envió al profesor Aranguren, cuando fue expulsado de la Universidad Complutense. La solidaridad del catedrático de Estética con el represaliado de Ética pertenece al tiempo en que fue escrito el poema titulado «Vida es esperanza». El poema es una revuelta contra «La marcha triunfal»:

Basta de razas ubérrimas, sangre de Hispania fecunda,
nada de marcha triunfal, ni cortejo, ni viejas espadas

en espíritu unidos, en miseria, en ansias y lengua,
siervos dispersos, rumiando, lo más un pasado de mito bajo
los ojos de Dios, los de lengua española, ¿qué somos?

El tono patético de quien no encuentra más certidumbre que la angustia iba a ser sustituido por la seguridad insultante de Celaya:

Nosotros, euskaldunes, últimos iberos,
sabemos mucho más que los que dan lecciones.
Qué quiere decir patria. Quién somos, qué podemos...
... mestizos de moros y latinos llamados españoles...
... hijos de poca sangre, madrileños mendaces...

Después de decir que hay que «revasquizar a España», el poeta traza el mapa autonómico:

Que aquí sólo existe Iberia; Cataluña y Aragón,
Andalucía y Galicia, Euskadi y Extremadura,
Valencia, Murcia, Asturias, las Castillas y León.
Y nuestros pueblos libres, alzados, saben hoy bien
en dónde está la tradición: Es en el capitalismo
y en el centralizador Madrid de los oligarcas
y del Gobierno opresor.

El poema daría para un análisis completo del pensamiento de una generación de izquierdas. ¡Quién habría dicho a Gabriel Celaya que pocos años después chicos euskaldunes iban a ultrajar a su mujer cuando se inauguraba un busto en honor del poeta por considerarlo un acto españolista y un homenaje a un poeta españolista! ¿Revasquizar a España?

Es ilustrativo de este cambio de símbolos, de este trastrueque de valores, de estos ascensos y descensos en la valoración cultural y política lo sucedido con Madrid y Barcelona. Con la guerra civil, Madrid, cuyo prestigio había subido ya durante la II República, alcanzó un valor simbólico universal. Los escritores madrileños habían sido más autocríticos con la ciudad que los de fuera. No hay más que comparar las crónicas de Josep Pla de los años veinte con los juicios de Azaña. Curiosamente, Barcelona era entendida por los mismos progresistas catalanes como una construcción de la burguesía. La cosa no es nueva. Viene de Maragall: «Ah, burguesía, género blando y de poca consistencia, medianía en riqueza, en posición, en todo, ah, símbolo de toda medianía tú, Barcelona...»

Y en una confesión que podría tomarse como precedente del «español sin ganas» de Cernuda, dice: «Me resigno a ser barcelonés con toda la fuerza y la extensión de la palabra.»

Y en la «Oda Nueva» a Barcelona escribe Maragall:

> Eres cobarde y cruel y grosera...
> El barro de tus calles, Barcelona,
> está amasado en sangre.

Medio siglo después se mantenía en Jaime Gil de Biedma este espíritu fustigador de la *pax burguesa* («Barcelona ja no es bona»):

> Sólo montaña arriba, cerca ya del castillo,
> de sus fosos quemados por los fusilamientos, dan
> señales de vida los murcianos...,
> que la ciudad les pertenezca un día.
> Como les pertenece esta montaña,
> este despedazado anfiteatro
> de las nostalgias de una burguesía.
>
> (*Moralidades,* 1966.)

Por el contrario, la imagen popular de Madrid había llegado casi a una sacralización en la guerra, de tal modo que Antonio Machado llegó a escribir que si no hubiera sido la capital de España habría merecido serlo por su heroica resistencia popular. Por lo mismo, a Madrid quiso castigarla Ramón Serrano Súñer cuando propuso el cambio de capitalidad a Toledo, ya que no podía serlo una ciudad de obreros, libertarios y comunistas.

Pero perdió este prestigio al ser identificada con el ganador, mientras se contraponía a Barcelona como un modelo democrático. La densidad policiaca y funcionarial convertía a la ciudad en algo hosco y ceñudo que desapareció con el primer Ayuntamiento democrático. Lo malo de todos estos vaivenes han sido las conclusiones esencialistas sobre culturas y naciones de quienes creían estar en posesión del pensamiento crítico.

5. Un autonomismo al límite...

Los españoles hemos conseguido una organización de la convivencia y del territorio de la que no se sabe qué valorar más, si la audacia, la generosidad, el radicalismo democrático... De tal modo que bien podemos decir que es casi un milagro si miramos hacia nuestro pasado y es un ejemplo si lo comparamos con otros países, centralizados, fuertemente unitaristas. ¿Por qué entonces no sólo no es estimado como se merece, sino que se pide su revisión? ¿De qué naturaleza están hechos los nacionalismos catalán y vasco que lo encuentran insuficiente para sus aspiraciones? ¿Por qué si en los últimos siglos aceptaron la Nación española, reniegan ahora de ella y llevan al Estado a una situación peligrosísima al reclamar un tratamiento diferencial respecto a otras regiones?

El dirigente socialista vasco Ramón Jáuregui ha resumido en una página el altísimo grado autónomico concedido a Euskadi, de tal modo que la presencia del Estado en ella ha quedado reducida prácticamente a los buzones de Correos, a las oficinas del DNI y a poco más. La Policía es vasca, los impuestos son recaudados y administrados en un cien por cien por los vascos, la educación... Con la aplicación del Estatuto de Gernika se ha pasado de la gestión por el Consejo General Vasco de 500.000 millones de pesetas a un billón[1].

---

[1] Ramón Jáuregui, en su artículo sobre el posnacionalismo, escribía: «El euskera está en la Administración pública, en la televisión y en la calle..., y en euskera puede estu-

Por lo que respecta a Cataluña, existe una conciencia de que el grado de autonomismo existente no es igualado por el de ninguna otra nacionalidad europea de entre las no estatales. Únicamente existe una nacionalidad con más atribuciones, pero es española: el País Vasco. Por otra parte, la flexibilidad cultural de Cataluña, la mayor capacidad para la integración de la población inmigrante, la mayor diversificación industrial, la aceptación masiva del juego institucional y el rechazo de la violencia le proporcionan ventajas respecto a Euskadi.

Ante este autonomismo que podríamos definir como radical, si entendemos como tal aquello que busca en las causas mismas del problema la solución, ¿qué más se puede pedir? ¿Qué más quieren nacionalistas catalanes y vascos?, se preguntan los ciudadanos de otras regiones. ¿Acaso el final de un contencioso sobre la interpretación de una serie de transferencias de competencias como estatutarias? Si el litigio estuviera circunscrito a esos límites, podríamos dar como resuelto el drama histórico, estarían de más los enfrentamientos pacíficos y no habría palabras para describir la desproporción entre causas y efectos en el caso de los enfrentamientos violentos.

La pregunta se refiere al día siguiente: ¿qué pasará una vez que se cumplan los Estatutos?

Las dilaciones del Gobierno de González en el traspaso de las transferencias pertenecen a la esfera de lo gubernamental, al juego de dominaciones partidarias, al control de la situación. En todo caso, el Gobierno central tendrá que convencerse que el Estatuto es un mandato nacional que tiene que cumplirse en su

---

diarse en los colegios y en la Universidad... Más de 50.000 funcionarios vascos se ocupan de sanidad, medio ambiente, infraestructuras... El cien por cien de la recaudación de impuestos se hace aquí y el símbolo más visible de la autoridad es la Ertzantza (la Policía autónoma vasca).Tenemos, en fin, una de las autonomías más avanzadas del mundo... La misión histórica del nacionalismo político estaría en trance de ser cumplida..., estaríamos en el posnacionalismo.» Por ello, Ramon Jáuregui espera que los nacionalistas se conviertan en partidos tradicionales, democristianos, conservadores, liberales.

totalidad y que no permite más márgenes que el de una interpretación restrictiva u otra más amplia.

Una vez resuelto el problema coyuntural del cumplimiento del Estatuto, hay que enfrentarse al desafío de los nacionalistas: y esta tesitura es la que no quieren reconocer tantos. Y en buena medida estas páginas están inspiradas por el deseo de despertar la imaginación de los que no quieren enfrentarse al hecho de los nacionalismos. Pienso que no es prudente ni razonable desconocer las fuerzas en presencia, el campo de batalla. Muy recientemente, Mario Onaindía ponía las cartas en la mesa del mismo modo que lo hago en estas páginas: una vez hechas todas las transferencias comprendidas en el Estatuto ya no caben más reivindicaciones nacionales; lo demás pertenece ya al ámbito partidario.

Una vez más diré que me temo que una vez cumplido el Estatuto de Gernika, los nacionalistas, tanto los institucionales como los violentos, sigan exigiendo nuevas cotas. Lo han dicho infinitas veces con la transparencia infantil que les caracteriza. El 12 de noviembre de 1993, a preguntas de periodistas de Radio Nacional de España, el lehendakari afirmaba que el cumplimiento del Estatuto no les obligaba a dejar de cuestionarse el modelo autonómico.

Por esto, mientras el Gobierno de Madrid siga retrasando las transferencias no se podrá exigir el final de las demandas nacionalistas, el cierre del autonomismo, un pacto de Estado que fije para siempre el mapa territorial. Ahí es donde los socialistas y los populares tendrán que plantar cara.

Porque, por lo demás, Pujol *et alii* reconocen la importancia de que una cuarta parte de los recursos del Estado se hayan transferido en una década a las comunidades autónomas antes de la transferencia del 15 por 100 del IRPF. Jordi Pujol ha admitido asimismo que los derechos que el Estatuto de la II República reconocía a Cataluña —superiores a los de cualquier Estado de

Norteamérica— han sido rebasados muy ampliamente por el Estatuto de Sau. Resulta por ello de gran impudor que el dirigente comunista Rafael Ribó, presidente de Iniciativa per Catalunya, mantenga la tesis de que Cataluña pasa en estos años por una desnacionalización[2].

Cayó, y bien caído, el Estado unitario y centralista, y fue sustituido por un Estado nacional que aseguraba un grado de autonomismo más alto que el de la II República y que el de cualquier región europea. Venía así a recuperarse, e incluso mejorarse, una situación que había sido liquidada por la Dictadura: derogación de los Estatutos de Cataluña y País Vasco y persecución de los movimientos nacionalistas y de sus expresiones culturales. A partir de los sesenta comenzó a identificarse la lucha por las libertades con las reivindicaciones regionales. La Constitución del 78 respondió a este reto con generosidad: aumentó las autonomías de tres a diecisiete —con estatuto propio, Gobierno y Parlamento—, diferenció las nacionalidades de las regiones, reconoció como lenguas oficiales el gallego, el euskera y el catalán, pero mantuvo la definición de Estado nacional en el artículo 2: «Indisoluble unidad de la Nación española, patria común e indivisible de todos los españoles.»

Así pues, en la Constitución se afirmaba el Estado que nunca habían puesto en cuestión los nacionalistas y se definía a la Nación española como compatible y comprensiva de las otras naciones: catalana, vasca y gallega.

La distinción entre las dos formas de acceso a la autonomía —lenta y rápida— se ha prolongado en diferencias competenciales, si bien muy poco significativas, de tal modo que los cata-

---

[2] Rafael Ribó *(op. cit.)* mantiene la peregrina tesis de que Cataluña sufre una desnacionalización. Se basa en la pérdida de autonomía económica e industrial respecto a España y considera que la cultura catalana se hunde al igual que se habla menos el catalán.

lanistas encuentran en este hecho un argumento para la revisión de los Estatutos. No se sabe si a los catalanistas les importa más el acceso a las ventajas del Estatuto de Gernika o la distinción respecto a regiones que consideran no históricas.

Así pues, se respondió al reto más complicado que tenía la restauración de la democracia en España, como era el reconocimiento de la personalidad histórica, cultural y jurídica de algunas de las regiones y a la organización territorial de España. Este hecho ha sido valorado en estos términos por el profesor Linz: «El cambio social más importante desde la redemocratización ha sido el reconocimiento constitucional, legal, político y social del multilingüismo y la existencia de conciencias nacionales distintas de la española en algunas comunidades.»

Y se respondió sin que se produjera una especial tensión nacional. ¿Por qué? «La ausencia de conflicto en el establecimiento del Estado de las Autonomías y el reconocimiento de las nacionalidades sorprende cuando recordamos la intensidad del debate en torno al Estatuto catalán en 1932. Indudablemente, el nacionalismo español, el "españolismo", ha experimentado una crisis profunda por el abuso de que fue objeto bajo el franquismo, unido al debilitamiento de los nacionalismos en la Europa de la posguerra y quizá por la ausencia de una elite intelectual que lo articulara agresivamente. Es un fenómeno que, en contraste con los nacionalismos periféricos, no ha sido objeto de análisis»[3]. Quizá la generalización del autonomismo —el café para todos— ayudó también a impedir posibles reacciones. Por ello, si hubo resistencias por parte de los partidos nacionales a la aceptación del pluralismo, como ha escrito el profesor Solozábal, hay que reconocer que se trató de resistencias muy débiles: «En los terrenos simbólico y de la cultura comunes hay que resaltar una

---

[3] Juan Linz, «Reflexiones sobre la sociedad española», en *España, sociedad y política,* dirigido por Salvador Giner, Madrid, Espasa Calpe, 1990.

doble resistencia. Primeramente, la de las fuerzas políticas de ámbito nacional a reconocer de modo efectivo el pluralismo de nuestra nación; y en segundo lugar, la de los nacionalismos periféricos a una renuncia expresa al sueño del propio Estado, aunque en la práctica se ha acabado por producir, especialmente tras el cese del primer presidente de la Comunidad Autónoma vasca, una aceptación leal del marco constitucional —hablando, claro está, sólo del nacionalismo democrático— y el reconocimiento de la capacidad integradora de la Corona»[4].

Efectivamente, el PNV, luego EA, han admitido el marco legal; pero, a mi entender, de un modo táctico, ya que no creo que hayan renunciado al sueño del propio Estado. De hecho, ellos no dicen eso. De hecho, lo dejan en la ambigüedad unas veces y en otras ocasiones se reiteran en esa esperanza. A la vista del comportamiento del PNV y de CiU, a la vista de las declaraciones y de los hechos que acumulamos en el capítulo anterior, cabe preguntarse si las pretensiones de éstos quedaban satisfechas con el diseño autonómico o éste fue aceptado como un recurso para empresas mayores.

Es cierto que la Constitución no llegó a contentar de modo pleno, puesto que para las regiones históricas se quedó corta mientras atribuyó un *status* desproporcionado a otras regiones. Y según éstas, la consideración de históricas a tres de las regiones y las consecuencias derivadas de ello no deja de significar una distinción privilegiada. En todo caso la Constitución abrió la posibilidad de una competitividad entre unas regiones y otras, lo cual, unido al debilitamiento de la idea y del sentimiento de Nación, esto es, a una idea de solidaridad, puede llevar a España a la inestabilidad y posiblemente a la fractura. La generalización de las autonomías hizo más fácil la creación del Estado autonó-

---

[4] Juan José Solozábal, «El estado autonómico», Revista *Sistema*, núm. 116, septiembre de 1993.

mico, desactivó las resistencias (el intento de golpe de Estado del 23-F mostró que esas fuerzas eran residuales) pero ha elevado la posición de las llamadas nacionalidades históricas.

Pero la injusta infravaloración de los estatutos y de la fórmula autonómica tiene, a su vez, efectos sobre la opinión pública española. En este sentido, la irresponsabilidad de los partidos estatales es inmensa. Estos partidos no sólo renuncian a defender las conquistas democráticas en la resolución del problema nacional-regional, sino que abandonan a su suerte a la opinión pública, traicionan a la verdad, favorecen el rearme de los desestabilizadores y el desarme de los constitucionales. Quiero decir que en esta cuestión no sólo hay que atender el punto de vista de una parte, de los nacionalistas, sino el punto de vista de la mayoría. Y desde luego el abandono es más imperdonable cuando se tiene en cuenta a los no nacionalistas vascos y catalanes.

Cuando los dirigentes nacionalistas pasan en pocas horas de exigir el cumplimiento de los Estatutos a afirmar que éstos están superados y que tendrán que buscarse nuevos recursos institucionales para dar solución a frustraciones históricas, el ciudadano interesado sencillamente en comprender de modo correcto la realidad se encuentra ante un silencio injustificable del Gobierno, ante la falta de reacción de los líderes políticos estatales. Una vez más tenemos que preguntarnos ¿por qué estos silencios? Simplemente es ya una norma de estilo de la actuación de los socialistas, de los populares y de la mayor parte de los politólogos independientes y orgánicos. Algunos comentaristas quieren ver en ese dejar hacer razones de cautela, mientras otros lo consideran una manifestación del espíritu oportunista y pusilánime de quienes valoran más los apoyos para el mantenimiento o la consecución del poder que la defensa de unos principios básicos. En realidad, si fuera cierto que el silencio de los autonómicos se debe al ejercicio de una política prudente y cautelosa, es que se tiene una idea muy negra de los nacionalistas, es que se tiene pavor a su capacidad de desestabilización. Debatir con los nacionalistas, discutir con ellos, rebatirles con dureza ¿puede significar que se tiren al monte (por utilizar una expresión que les gusta tanto a los líderes peneuvistas), que abandonen su estrategia institucional y reformista? Más bien pienso que el silencio ante ellos responde, en efecto, al oportunismo, y aún más: he llegado a sospechar que los nacionalistas reformistas desearían una mayor resistencia en las fuerzas estatales, ya que de ese modo podrían ofrecer ciertas resistencias a los nacionalistas radicales e incluso tener argumentos ante sus propias bases. En una palabra, aquellos que creen que el nacionalismo puede dejar de serlo alguna vez, que puede cambiar de naturaleza, que puede llegar a renunciar a la conquista de la categoría estatal, deberían con más razón sustituir los silencios por el fragor dialéctico.

Ya hemos hablado sobre la polémica entre González y Aznar a propósito de cuál de los dos partidos garantiza mejor la unidad de España, y de la cual se deduce, con un mínimo de lógica, que para aquéllos los nacionalistas representan un peligro. ¿Ha polemizado el secretario general del PSOE y presidente del Gobierno con los nacionalistas sobre peligros de disgregación? ¿Ha respondido, como se hubiera podido esperar, a Pujol cuando ha dicho que la vía estatutaria estaba obsoleta? ¿Cabe subversión mayor, aparte de la utilización de la violencia, que la negación de la vía institucional por parte de un presidente de una comunidad autónoma? El silencio ante posiciones como esta dan una muy pobre impresión de nuestra sociedad política. Pienso a veces que no creemos en el valor de la palabra, que da igual todo. ¿Cabe mayor degradación? Si no vale el Estatuto de Sau, dígase por qué, y, sobre todo, exíjase al president que lo explique, que explique por qué razón hoy «se arrepiente» de haber firmado el Estatuto a las seis de la mañana, como repite con frecuencia. El desprecio por «ciertas» instituciones es tal que únicamente resulta concebible en una sociedad que aún no se ha creído el sistema democrático. ¿Cabe pensar que un británico o que un francés mostraran tanto desprecio por una institución de la importancia de los Estatutos o de la Constitución?

Desde hace poco la iniciativa política se ha convertido en un desbordamiento de los límites constitucionales. Pero quien calla otorga. ¿Y cómo no iba a callar el PSOE si por esos días estaba solicitando, mendigando casi, el apoyo parlamentario para la aprobación de los Presupuestos del 94? ¿Cómo enfrentarse por unas declaraciones «platónicas» cuando el Gobierno socialista estaba dispuesto a aceptar las condiciones de CiU, alguna de las cuales era la gestión del IRPF, que comenzó con un porcentaje simbólico casi —el 15 por 100— y que deberá ir aumentando progresivamente hasta el menos simbólico del cien por cien?

De este modo Pujol hoy, mañana Ardanza (si ambos nacionalismos no fueran tan distintos, ¿cuál sería su grado de coordinación?), ponen en cuestión lo que en su día fue plenamente aceptado, de tal modo que formó parte de consensos sustanciales para la convivencia... Pero esta es la forma de proceder de los nacionalistas: aprovechan la coyuntura favorable y se dedican a adelantar posiciones, a subvertir conceptos ya admitidos con el fin de ir conformando a la opinión pública de tal modo que no deba sorprender a nadie. Y, como digo, nadie responde, nadie replica.

El entendimiento entre CiU y el PSOE ha provocado una reacción muy fuerte en los otros dos partidos estatales, el Partido Popular e Izquierda Unida, hasta el punto que entre los dos intentarán crear un clima irrespirable en torno al PSOE fortaleciendo su imagen de formación cínica, capaz de llegar a componendas peligrosas para la estabilidad del Estado con tal de mantenerse en el poder; hay que tener en cuenta que los acuerdos programáticos con los nacionalistas levantan reacciones muy contrarias en sectores muy amplios del PSOE, de tal modo que de todas las maniobras de Felipe González quizá esta sea la menos disculpable para esa parte de su electorado y de la propia militancia socialista. Izquierda Unida, por su parte, ha comenzado a diseñar lo que puede entenderse como una política de responsabilidad del Estado, al tiempo que los sindicatos no dejan de ver con preocupación que el Partido Socialista no tenga ya reparo alguno en disimular su proclividad hacia el centro derecha.

Pero la cuestión nacionalista atraviesa de tal modo los partidos que, a su vez, la posición de IU, antinacionalista de manera radical, pueda crear dificultades graves entre Anguita y Ribó, del que se dijo siempre que era el monaguillo de izquierdas de Pujol. A su vez, el acuerdo de legislatura entre nacionalistas catalanes y socialistas empareda de forma permanente a los socialistas catalanes, condenados de esta forma a la oposición en Cataluña. Quizá por esta razón Pasqual Maragall esté intentando crear un partido «nacionalista progresista», Acció Catalana, que pueda responder al desafío pujolista y al tiempo mantener una independencia de movimientos respecto a Felipe González.

Ahora bien, la situación española se distingue de otras en que las coaliciones de partidos, los tira y afloja institucionales, no llegan nunca a representar un cuestionamiento de las bases de la convivencia. En otros países, gobernabilidad no significa salvarse del abismo y nadie tiene interés en confundir este término con el de gobernación.

Pero desengañémonos: esta es la dinámica en la que estamos. Por un lado, desconsideración de los nacionalistas respecto al modelo autonómico; por otro, instrumentalización de los temas autonómicos para justificar movimientos partidarios.

Porque, ¿acaso la conversión del Estado unitarista en el autonómico no ha sido una obra de ingeniería política inteligente y, en cierta manera, modélica? La singularidad de la transición española residió, más que en la devolución de las libertades públicas y privadas, en el cambio del modelo de Estado, en la nueva configuración territorial.

La infravaloración del cambio de modelo de Estado ha llevado su contagio al socialismo catalán. ¿Qué quiere decir Pasqual Maragall, alcalde de Barcelona, cuando reclama una «refundación» de España? Refundar ¿qué, para qué, por qué, por quiénes? ¿Acaso no está en la Constitución y en los Estatutos toda posibilidad de que una región como la catalana pueda liderar el proceso español, si eso es a lo que se refiere el alcalde Maragall? Este ejemplo, como tantos otros, nos llevan a una conclusión que abona con razón el pesimismo: a pesar de su calado, el sistema autonómico no ha acabado de satisfacer en Cataluña. He dicho contagio y me corrijo: es la competitividad y el oportunismo electoral en unos casos, es el criptonacionalismo en otros. Nuestro sistema autonómico está basado en unos contrapesos y en unos mecanismos que resultan ideales, por no decir perversos, en manos de los nacionalistas: es un campo de juego ideal para los nacionalismos, ya que permite un constante margen de tensión con el Gobierno central y con el sistema mismo: quiero decir que, llegados a un punto, el sistema es puesto en cuestión en virtud del espíritu con el que se justificó inicialmente su construcción. Por ello quizá los socialistas catalanes proponen con intermitencias la necesidad de transformar el sistema actual en el federal. Por lo mismo no es aceptado por CiU o el PNV.

¿Acaso todas estas actitudes no nos remiten a una forma de ser española que ya creíamos superada, ese tejer y destejer constante, ese vivir desviviéndose al que han aludido nuestros clásicos, esa agotadora reapertura de los procesos de convivencia...? ¿Habremos cambiado, en definitiva, menos de lo que suponemos?

Extrañado por la escasa valoración de las conquistas autonómicas y las exigencias de otras mayores, escribía el historiador Gabriel Jackson (no sin antes advertir que utilizaría el término España para referirse a España): «Mi tesis general es que, a pesar de las apariencias locales en sentido contrario, dentro de una perspectiva europea, la relación entre Cataluña y España ofrece uno de los ejemplos más positivos de la construcción de nuevas formas de soberanía política y sensibilidad cultural compartidas.» Para Jackson, «los que juegan al victimismo de "Madrid tiene la culpa" o en las afirmaciones de "el Estado español", no tienen razón alguna si se compara la relación entre Cataluña y España con la situación absolutamente lamentable de las nacionalidades sin Estado en todo el territorio que hasta hace poco era la esfera de la influencia soviética»[5].

A pesar de eso, los nacionalistas catalanes y vascos han exaltado a la categoría de ejemplos a algunas de las repúblicas ex soviéticas, así como a Eslovaquia y a Eslovenia. Y uno se pregunta si al proponerlas como modelos, Arzallus o Pujol están viniendo a decir que también ellos reclaman el Estado para su nacionalidad; esto es, expresan su aspiración a convertir a Cataluña o al País Vasco en Estados-Nación. Xabier Arzallus nos ha aclarado más de una vez que esa fórmula dependerá de circunstancias históricas; por ejemplo, la accesión a una Europa política. Es en el caso de Pujol, cuya estrategia es siempre más difícilmente descifrable, donde resulta más reveladora la comparación con estos nuevos Estados-Nación. El lector ingenuo preguntará: ¿y por qué no lo plantean de una vez por todas? Por una sencilla y terrible razón: porque no les conviene, esto es, porque les interesa más la indefinición, porque ni siquiera quieren comprometerse ante sus propios sostenedores con una estrategia clara en los objetivos y en los ritmos. No quieren ser presos de su propia palabra. Quieren contar con todas las bazas de lo indefinido y, como digo, no solamente respecto a sus oponentes o contrarios (el Estado del que ahora dependen), sino incluso respecto a sus propios seguidores. Así pues, el PNV y CiU irán planteando ese escenario según sus propias conveniencias, y entre estas hay que considerar las ventajas que puedan sacar del mantenimiento de la pertenencia al Estado español, o de su separación.

---

[5] Gabriel Jackson, «La particularidad catalana», *El País,* 29 de febrero de 1992.

6. Dos estrategias

«Muy a menudo se habla de la fuerza del nacionalismo —ha escrito Ernest Gellner—. Esto constituye un error importante, aunque se puede entender sin mucha dificultad desde el momento en que allí donde ha echado raíces ha tendido a imponerse fácilmente sobre otras ideologías modernas. Sin embargo, la clave para entender el nacionalismo es, más que su fortaleza, su debilidad»[1].

He de decir que este pasaje de Ernest Gellner y la argumentación que le acompaña me han parecido de una lucidez fecunda.

¿Por qué la clave es la debilidad? El sueño nacionalista es un intento de justificación constante a partir de congruencias entre lenguaje, historia, territorio y población que fallan, cambian de un nacionalismo a otro, de un modelo a otro, no se ajustan a cada proyecto en la medida en la que se quisiera... Ocho mil lenguas, doscientos Estados, un alto número de nacionalismos irredentos..., un nacionalismo real por cada diez potenciales. El peligro del monstruo se atempera por la imposibilidad de salir airoso del empeño. La ilusión que entrañan concepciones como la expresada por Hegel («es posible que las naciones hayan de recorrer una larga historia antes de llegar finalmente a su destino, el de constituirse en Estados») alienta a los nacionalismos con una cier-

---

[1] Ernest Gellner, *Naciones y nacionalismo,* Madrid, Alianza Editorial, 1988.

ta base económica y autónoma. Desde luego, el nacionalismo vasco lo confiesa diariamente. Más aún, señala el ritmo: primero la creación de una base económica suficiente y después la autodeterminación. En el proceso hay un elemento humillante para el nacionalismo y otro de oportunismo. Arzallus reconoce que la autodeterminación queda en segundo lugar, pospuesta a la recuperación de la crisis que deberá hacer «dentro y con el Estado español». El oportunismo de esta actitud no necesita explicación. ¿Qué elementos morales pueden justificar a quien proclama esta estrategia? Ciertamente el reconocimiento de la debilidad que se justifica con el victimismo: «Cualquier vampirización que apliquemos queda justificada por la expropiación que el Estado español nos hizo y mediante la fuerza armada», viene a decir el nacionalista.

Más seguro en su autonomía económica, el nacionalismo catalán insiste en la homogeneización cultural de la población. El objetivo es abrir un foso infranqueable, una división neta de legados históricos y culturales.

Conscientes de su debilidad, los nacionalistas se aplican a una estrategia tan tenaz como realista. La primera característica de ésta es mantener abierto el proyecto del Estado al que pertenecen. Para los nacionalistas no hay sino procesos que deberán ir avanzando a la medida de sus insatisfacciones. Nunca el nacionalista quiere pactar una fórmula, cerrar el trato, ya que las ventajas que pudieran sacar nunca serían las plenas, esto es, la soberanía estatal. Esta es la fase suprema de todo nacionalismo, pero su final no se pacta. Realmente se gana. ¿Qué hacer, pues, frente a esta estrategia? Justamente la contraria. El nacionalista debe saber que, una vez que se ha llegado a un estadio «justo» (como sucede en el caso español), no hay posibilidad alguna para un peldaño más. ¿Por qué puede fallar esta cuestión de principios? Por los intereses de los partidos cuando éstos desconocen la responsabilidad que impone el bien estatal.

La normalización de la vida española exige el final de la estrategia nacionalista. No digo de los nacionalismos, sino de su mecánica infernal, menoscabadora de la seguridad que todos los ciudadanos tienen derecho a exigir de un Estado de Derecho. Urge, por tanto, un pacto nacional en el que se deje señalado el horizonte, en el que se fijen los límites del Estado.

La naturaleza de los nacionalistas se niega a ello. Necesitan que la cuestión esté siempre abierta para que pueda seguir funcionando con eficacia su relación con los electores, con el público, con el diseño progresivo de «su» país. Pero si esos son sus intereses, los de la mayoría de los ciudadanos son otros. Y esto es lo que hay que dilucidar. Y aquí está la batalla inaplazable con los nacionalismos.

Urge una definición del Estado. Sencillamente, los nacionalismos no tienen el derecho a tener abierta constantemente la cuestión de Estado. Por ello habría que aplicar la voluntad popular en el tema y dejarlo cerrado como se cierran democráticamente los conflictos. Naturalmente ello exige estar dispuestos a aceptar las consecuencias.

La estrategia de los nacionalistas es la más cómoda forma de ejercer una hegemonía: condicionar la convivencia, amenazar con la inestabilidad, poner precio al *statu quo,* un *statu quo* falso, ya que el condicionamiento nacionalista significa la mejora constante de sus posiciones.

Una sociedad no puede y no debe aguantar lo que sólo en apariencia es una solución de prudencia. Quiero decir que cualquier otra solución aparentemente más prudente nos llevará a un agotamiento de la Nación española, a la desaparición de la identidad, a un debilitamiento del Estado y, lo que ya está sucediendo, a una incapacidad de la sociedad para organizarse.

La quiebra del Estado es la apuesta segura. El resto de las regiones —y ya han comenzado los movimientos serios en Canarias, en Andalucía y en Aragón, aparte del caso clásico e histórico gallego— terminarán adoptando formas que no se conocieron nunca. Sencillamente se trata de prever el destino al que vamos empujados por los intereses específicos de dos partidos nacionalistas (fundamentalmente los dos, el PNV y CiU) por mucho que se apresten a soflamas tales como colaborar, hacer gobernable el país (como si fuera ingobernable), a aguantar dentro de este Estado hasta que entremos en Europa. Da verdaderamente vergüenza.

Para el profesor Andrés de Blas, «la meta era y es que los nacionalismos periféricos decidan abandonar la actitud victimista y la siembra de frustración en sus respectivas comunidades —abandono realizado en buena medida por el nacionalismo catalán y en grado mucho menor por el nacionalismo vasco moderado—, en favor de la acción en un marco político autónomo que la propia experiencia podrá ir modulando de acuerdo a las necesidades de las comunidades y del propio Estado central. Es una decisión política y no un mecanismo jurídico lo que ha permitido ir solucionando el problema catalán y en parte el problema vasco»[2].

No termino de comprender, sin embargo, una segunda premisa que exige el profesor De Blas: la sustitución de la «planta política» de sabor castellano-andaluz que ha dominado durante siglos por una influencia superior de los grupos provenientes de las comunidades periféricas. Y digo que no entiendo la matriz castellana en cuanto hago un mínimo repaso de personalidades y de grupos de presión, ya en la democracia, ya durante el franquismo, ya con UCD o con el PSOE. Y ya que estamos en un sistema de autonomías convendría que todos tuviéramos un poco de delicadeza al hablar de «lo castellano» y «los castellanos». Ya sé que cuando se dice castellano, en la mayor parte de los casos se quiere decir madrileño o español en general. El castellano que-

---

[2] Andrés de Blas Guerrero, *op. cit.*

da para designar indebidamente el idioma porque así lo impusieron, y contra toda razón, los nacionalistas.

La actitud de los nacionalistas vascos y catalanes ha sido tradicionalmente, en efecto, de victimismo, pero ya para nadie tiene credibilidad esa imagen de menesterosidad. Desde luego mal se puede «vender» victimismo desde Cataluña y País Vasco a extremeños, andaluces y castellanos de Castilla. No ya, por supuesto, víctimas económicas, pero ni siquiera políticas cuando gozan de unos Estatutos de otra velocidad y cuando tienen capacidad para mayores exigencias, estatutarias o no estatutarias. De tal modo son conscientes los nacionalistas que han pasado del victimismo a la agresividad. Y esta es la fase en la que estamos: la exigencia metódica y agresiva, algo propio de quien se siente hegemónico y cuenta con apoyos de todo tipo, incluidos los financieros. Del victimismo residual e histórico el PNV y CiU (no digo ya los nacionalismos inmoderados) han pasado a la revuelta contra los Estatutos, a veces contra la Constitución; la apelación a fines propios de apetitos desordenados, ¿indican que los nacionalistas han cambiado de estrategia en el transcurso de estos años o que ésta responde a un diseño inicial?

Parece claro, por un lado, que estamos en presencia de una renovación de la voluntad nacionalista, por decirlo suavemente. Por otro lado, y sin entrar en juicios de intenciones, los partidos nacionalistas siguen una estrategia distinta a la de los partidos nacionales. Por lo que respecta a la primera consideración, nos encontramos en presencia de un fenómeno nada extraño cuando se habla de nacionalismos: ante una ruptura del acuerdo inicial que se tomó en tiempos constituyentes. Como escribía el profesor Ramírez en 1992: «Parece roto el compromiso en este punto y florece lo que acaso estuvo siempre debajo. Ya sin recato se habla de conquista del federalismo, autodeterminación, nación de naciones y, en algún caso, lisa independencia.» Para el profesor Ramírez, «esta situación permite una espiral de demandas salvo, claro está, que se imponga la sensatez y alguien piense y denuncie con meridiana claridad lo que nos jugamos. Gusten o no, unas declaraciones de don Juan de Borbón lo han puesto de manifiesto... Hablar hoy de federalismo supone hablar de una Constitución nueva»[3].

Respecto a la segunda consideración, tenemos que reconocer que a lo largo de estos años han existido dos perspectivas distintas. Los nacionalistas han tomado el desarrollo estatutario como un dato inexcusable para acceder a otra posición. En una palabra, ha habido una doble estrategia: la de los partidos estatales y la de los nacionalistas.

Aun ahora, con tantos datos sobre la mesa, hay una resistencia a admitir esta evidencia. Ha sido necesario que el PNV se negara a un pacto de legislatura con el PSOE y eventualmente a entrar en el Gobierno de González para que Ramón Jáuregui, al fin, haya denunciado la estrategia de los nacionalistas basada en la ambigüedad de «arrimar el hombro en Madrid» y seguir con su reivindicación autodeterminista. Ambigua llama a esta forma de actuar el dirigente socialista, cuando sencillamente es artera pero creíble. Basta con un gesto de «responsabilidad» para que el ciudadano español rehaga la credibilidad en Arzallus, que, a los dos días, remacha su denuncia de la vía autonómica. El mismo proceso se da con los catalanistas.

La estrategia «dura» de los nacionalistas desprende el mensaje de la provisionalidad del Estado autonómico. La estrategia «blanda» de los autonómicos confía en que se impondrá al fin el buen sentido.

Como ha escrito Juan José Solozábal[4], del carácter histórico del Estado español no se debe seguir la conclusión de que es provisional, ni de su autonomismo que ha dejado de ser un Estado nacional.

---

3 Manuel Ramírez, «Federalismo ¿para qué?», *El País*, 28 de diciembre de 1992.

4 Juan José Solozábal, *op. cit.*

Justamente los hechos vienen a confirmar que para los nacionalistas estamos ante una experiencia transitoria y que en absoluto el Estado autonómico deba ser una variante del Estado nacional. En una palabra, los dichos y los hechos indican que el PNV y CiU interpretan el Estado autonómico como «una vía» que debe conducir a otra relación de Euskadi y Cataluña con «el resto». A una relación entre soberanos. ¿Entre Estados?

¿Cuál es nuestra realidad? Por una parte, tenemos un Estado que ha reconducido la propensión centrífuga de algunas regiones diferenciadas étnica y culturalmente a cambio de una amplia autonomía institucional y de un mercado común nada despreciable. Por otro lado, este equilibrio de tensiones ha tenido que contar con las de aquellas regiones de vocación no centrífuga pero sí evidentemente competitiva, máxime en esta nueva situación. Por fin, a estas tensiones internas se añade la externa, la convergencia europea, que conduce a cesiones institucionales y a subordinación en las iniciativas económicas, industriales e incluso culturales. Pues bien, ante esta delicada y novedosa realidad hay un comportamiento distinto según se trate de estatales y nacionalistas. Mientras aquéllos actúan desde la cultura de la tolerancia, el secularismo y el pluralismo, los nacionalistas se creen legitimados para actuar con intolerancia, con pretensiones totalitarias y con un sentido religioso de la nación. Es la actitud de los débiles.

Esta diferencia de actitudes ha sido una constante en la transición y después. Los partidos de ámbito nacional apostaron por la creación de espacios de holgada convivencia a costa de una retracción estatal; dieron la batalla por los derechos ajenos; defendieron generosamente intereses e ideologías que no compartían, que en ocasiones les repugnaban y que eran competidores en los favores de los electores. Eran conscientes de que ello era necesario para el bien común, para la paz social, para la viabilidad del sistema democrático... Este es uno de esos pasajes de la historia de los partidos que coloca por encima de las habituales miserias a las formaciones estatales. Al evocarlo surge de modo inevitable el recuerdo de Adolfo Suárez, que tuvo la grandeza de comprender —sobre todo, de querer comprender— que la democracia pasaba por el reconocimiento de las regiones históricas.

Por su parte, los partidos nacionalistas mayoritarios —PNV y CiU— han contribuido a la construcción común de la democracia, y su mérito histórico consistió en querer creer en las formaciones estatales y en la incipiente democracia. Al llegar a este punto viene a la memoria otro personaje «providencial», aquel que había guardado en el exilio el corazón de Macià, el president Tarradellas. Pero en seguida se pudo ver lo que, como ha escrito Ramírez, «había debajo»: han ido mezclando las exigencias inmediatas con las que corresponden a sus programas máximos, de tal modo que, en este sentido y como hemos visto anteriormente, no han dejado de ser tan radicales como aquellos que emplean la violencia o aquellos que la secundan. Nunca han dejado de expresar sus reservas mentales respecto a las conquistas estatutarias y han utilizado la vía autonómica como un recurso para plantear exigencias nuevas.

Los unos, los partidos estatales, esperaban que la generosidad del nuevo sistema desactivara la insatisfacción permanente, y los otros, los nacionalistas, quisieron imaginarse en esa vía abierta una confirmación de las posibilidades de su insaciabilidad. Para los unos, el autonomismo tiene la justificación de la paz social, de la convivencia; para los otros, la convivencia con los otros pueblos de España es una forma de mercado que les conviene.

Las reflexiones que hago en estas páginas han sido provocadas inicialmente por este desengaño.

Creo que fuimos muchos los que pusimos por encima del pesimismo de la inteligencia el optimismo de nuestra voluntad cuando apostamos por una España de las autonomías. Aunque desconfiábamos de los nacionalismos, debíamos trabajar para reconducir la organización del Estado a fórmulas que habían sido cortadas por la guerra civil y que habían tenido el valor de abrir la esperanza de los españoles a una convivencia democrática, a una asunción voluntaria, no impuesta, de España.

Para ello, en los años finales del franquismo hubo que llevar a cabo una auténtica labor de apostolado (puesto que era una misión auténtica, *in partibus infidelium),* una gran campaña de propaganda para convencer a la sociedad española de que existía un problema diferencial sin cuya resolución no sería posible la democracia. El reconocimiento de la particularidad de Cataluña, Euskadi y Galicia era un dato inexcusable para que fuera aceptable el sistema democrático. La receptividad en tema tan vidrioso vino a demostrar la buena disposición de la sociedad española y el deseo de superar la dictadura. Fue tal la entrega a la campaña autonómica que, según ciertas bien fundadas tesis, algunas de las aberraciones que se han dado y se siguen dando en las reivindicaciones autonómicas se derivan precisamente del fervor autonomista de la izquierda de entonces, de su ingenua pasión por la autodeterminación. Era la expresión de un infantilismo que no se puede explicar únicamente por el idealismo moral, sino también por la debilidad de la izquierda para conducir el proceso de la transición política. Ya lo dije antes: el autonomismo fue utilizado como un instrumento de debilitamiento de la dictadura.

La apuesta por la democracia era inseparable del reconocimiento de la pluralidad española. Por esta razón ha escrito Rafael Ribó: «Había un claro ligamen entre la reivindicación de las libertades nacionales y la reivindicación de las libertades democráticas, hasta el punto de que podemos decir que, sin lugar a dudas, la reivindicación nacional era manifiestamente rupturista»[5].

---

[5] Rafael Ribó, *op. cit.*

Lo cierto es que los nacionalismos deben su posición actual en buena medida a las luchas de la izquierda. Ellos, sin embargo, interpretaron el espíritu autonomista, incluso autodeterminista de la izquierda «castellana» como una manifestación de la mala conciencia centralista y españolista.

¡La izquierda de Madrid responsable de la opresión en Barcelona! Todavía hoy Sádaba, al tratar la escisión cultural de Euskadi, habla del «trabajador» inmigrante ¡como un representante de la cultura dominante![6].

Pues bien, ¿qué nos está sucediendo a algunos de quienes creímos que eran inseparable el sistema de libertades y la modificación del Estado? Pensamos que hemos cumplido nuestra parte, la parte de un compromiso histórico, mientras los nacionalistas catalanes y vascos siguen respondiendo a sus mecanismos tradicionales y, por tanto, siguen sacrificando la convivencia de todos a nuevas conquistas propias.

Llegados a este punto, los partidos estatales, las organizaciones cívicas, los ciudadanos mismos tienen que plantearse a su vez, por su parte, el siguiente dilema: si seguimos concediendo terreno a los nacionalistas, se creará un problema grave de convivencia.

La idea de España jamás es contemplada por los nacionalistas si no es desde «su» punto de vista; esto es, los intereses de Cataluña y del País Vasco. Lo explican en cuanto pueden y como una muestra de su «adhesión» al proyecto español, sin darse cuenta que tal forma de proceder está viciada. Ni siquiera lo intuyen. Y cualquier acción política, ya se trate de una coalición, ya de la integración europea o el problema de las aguas..., es contemplada y tratada desde esta perspectiva, la suya, no la nacional, no la española.

Si esto es así —y es así—, ¿qué hacer sin renunciar a los principios derivados de una cultura laica y plural? Medir las políticas

---

[6] Javier Sádaba y Fernando Savater, *Euskadi: pensar en el conflicto,* Madrid, Libertarias, 1987.

de los nacionalistas, sus propuestas, sus acciones, sus movimientos, desde la perspectiva global, desde los intereses nacionales.

Se trata de algo tan simple como tener criterios y tener una idea de la Nación. Sólo desde esta base podrá detenerse la carrera de los nacionalistas. Y desde esa idea de la Nación española la concreción de lo aceptable se llama Estatutos. Ellos son la culminación de un proceso que no puede seguir siendo provisional.

Frente a la estrategia interminable de los nacionalistas, frente a su desprecio por las reglas de juego, la única actitud responsable es señalar los límites.

Ha llegado la hora de que los nacionalistas se replanteen su propia condición en estos momentos finiseculares y milenarios, al igual que han hecho otras ideologías. Tendrían que comenzar a pensar en términos democráticos y de responsabilidad, no de victimismo. Así pues, y aun a sabiendas de que forma parte sustancial de su naturaleza la demostración de la insatisfacción permanente, hemos esperado ingenuamente el milagro de una rcconversión: lo que Ramón Jáuregui ha llamado «la perestroika».

La estrategia en la que siguen empeñados hace honor a la definición que ha hecho de su naturaleza el profesor Cotarelo: «Un desmedido, arrebatado y excluyente amor a la nación propia por la que se está dispuesto a derramar sangre, generalmente ajena.» Los nacionalistas han seguido actuando como si España aún fuera un Estado-Nación, siguen argumentando como en los tiempos anteriores a la Constitucion y a los Estatutos; esto es, siguen replanteando, reabriendo continuamente la cuestión nacional, poniendo, por tanto, en cuestión el fundamento de la convivencia. Por su parte, los autonomistas, aún acomplejados por el pasado centralista y unificador contra el que ellos, por cierto, lucharon con más ardor y con más costes que los nacionalistas, tampoco parecen haberse percatado de que España ya no está montada sobre el dogma de la unidad y la indiferenciación y dudan tanto de la fórmula política representada por el término España como los propios nacionalistas. En una palabra, no se acaban de creer su propia obra, no son conscientes de que quizá hemos llevado nuestro liberalismo hasta el exceso, no terminan de calibrar la magnitud histórica del Estado de las autonomías, así como la fragilidad extrema en que se encuentra. Cuando hoy los países europeos agudizan sus señas nacionales como forma de defender sus intereses dentro de la Comunidad Europea, nosotros seguimos ensayando formas cada vez mas laxas de convivencia.

Frente a la estrategia erosionante de los nacionalistas, los autonomistas ponen la otra mejilla laica y comprensiva. Que la separación no venga por nosotros, vienen a decir mientras se resignan a la separación a plazo más largo y a la destrucción del colectivo nacional ya mismo. Temo las consecuencias de esta actitud de menesterosidad política, de miseria cultural y ciudadana. Sería conveniente un rearme de las conciencias y un rearme democrático para salvar a la Monarquía constitucional antes de que muchos españoles salgan del sueño generoso y comprensivo en que están. El exceso nacionalista provocará, si prosigue, el final de la paciencia. Surgirá de nuevo el españolismo en cuanto quede al descubierto plenamente la verdadera naturaleza y las verdaderas intenciones de los nacionalistas y enfrente no haya una respuesta democrática y nacional.

Así pues, desde hace años estamos jugando políticamente de una forma asimétrica y también de una forma suicida. Unos, los estatales, por decirlo así, permitieron un sistema capaz de terminar con todos los contenciosos viejos de ciertas nacionalidades españolas. Dieron carácter de nacionalidad a tres de las regiones con lengua propia. No bastó, por lo que se ha visto con posterioridad. Los otros, los nacionalistas a cuya medida prácticamente se hizo el traje, han tomado la Constitución como un punto de partida. Algunos de ellos —los vasquistas— pueden alegar en su descargo que no la votaron, si bien la han aceptado en la práctica y, sobre todo, han aprobado el Estatuto de Gernika, que hubiera sido impensable sin la Constitución previa.

Por un lado, quieren diferenciarse en el sentido de contar con más competencias que las regiones no nacionales. Por otro, tienen que alimentar su mecánica interna puesto que son partidos «nacionalistas»; esto es, maquinarias cuya naturaleza está justificada a partir de las exigencias incesantes. Un partido nacionalista tiene que tener una vocación especial, de lo contrario su papel sería asumido por otro estatal de parecida tendencia ideológica.

7. De la incertidumbre

La vida pública española sigue atravesada por un sentimiento de incertidumbre. Es un mal crónico que tiene que ver con el propio ser de España. Es un malestar que forma parte de nuestro paisaje espiritual: llevadero pero desazonante por cuanto evoca episodios trágicos.

Este estado de ánimo no está agravado ahora por una conciencia de inestabilidad social como en tiempos anteriores a la guerra civil del 36, sino que se debe, como digo, al cuestionamiento constante de la propia identidad colectiva, que eufemísticamente llamamos con frecuencia «problema territorial», a la discusión sobre la Nación, al debate sobre la definición del Estado, a la viabilidad de una vida cultural común y a la interpretación de nuestro pasado.

La persistencia del problema nacional-regional se interfiere en las tareas colectivas políticas o culturales y no deja de afectar a los sentimientos de autoestima de los ciudadanos. Perdona pocos aspectos de la vida pública y explica muchos comportamientos patológicos insólitos en otros países. Los tecnócratas tienden a reducir todo el problema a unos desajustes administrativos, pero no son los únicos en querer ocultar el drama. En general, el malestar es tan real como la resistencia a reconocerlo.

Así que esta incertidumbre de la que hablo no tiene que ver ni con el sentido de provisionalidad que vivimos durante el franquismo ni con el miedo a una involución en los primeros tiempos de la democracia[1].

Apesadumbrados por el problema nacional-regional, deseosos de eliminar la razón de tantos enfrentamientos cruentos, los grupos políticos convinieron, al escribir la Constitución, en una fórmula autonómica ciertamente avanzada, incluso audaz. Se pensó que el pluralismo cultural, la descentralización administrativa y fórmulas de autogobierno que rozaban las competencias estatales cerraban el contencioso y de ese modo se conjuraba el peligro de confrontaciones civiles. Yo creo que, sobre todo, miles de españoles pensaron que por fin iba a llegar la hora de poder realizar tareas comunes en un nuevo clima de distensión y de cooperación radical. Que, al fin, se daba una vuelta a la página de la historia.

Aquel optimismo de los comienzos de la democracia no se sostiene hoy, quince años después, cuando el proceso no sólo no se ha cerrado, sino que amenaza con negar las bases mismas que lo legitimaron. Irónicamente, el proceso autonómico que había sido concebido para dar estabilidad es utilizado por alguna de las partes como el instrumento ideal para una diferenciación regional sin retorno e, incluso, para la simple disgregación. De hecho, el ciudadano está volviendo a asistir a enfrentamientos que le devuelven a la creencia de que su forma de vivir no está asegurada del todo, sigue sin estar asegurada, y que estamos aún en una situación provisional.

---

[1] La sensación de provisionalidad impedía imaginar proyectos personales y colectivos. Toda una generación de nacidos a partir de la guerra ha estado afectada por una especie de complejo de Peter Pan. En *Memorias y esperanzas* (Madrid, Taurus, 1969), el profesor Aranguren lo describía así: «El no saber a qué atenerse respecto de lo que va a pasar, es decir, la inseguridad respecto al futuro político y la configuración del poder y de sus sistemas de fuerzas políticas, lo que convierte en indecisas, fluctuantes, ambiguas a todas y a cada una de las posiciones políticas sustentadas y, en consecuencia, otorga a la vida española —a la oficial y a la clandestina— ese aire fantasmal y totalmente incomprensible desde fuera del juego, puesto que los lenguajes respectivos son estructuralmente equívocos.»

Abundan quienes opinan que no hay que alarmarse, ya que cualquier disentimiento expresado democráticamente y en el juego de las instituciones es lícito aun cuando suponga una crítica constante de la Constitución o una amenaza para los proyectos colectivos, o una posición insolidaria para el resto de las regiones. Esta actitud del todo vale con tal de que se haga con métodos pacíficos revela la superficialidad del debate, sin duda explicable por la existencia de la violencia de ETA, por los miedos históricos que evoca. Revela también la pobre idea que se tiene de las posibilidades de la comunidad. La reivindicación sobreautonómica dinamita la vida colectiva al margen de cualquier consideración legalista.

La incertidumbre que traspasa nuestra vida nacional se debe a la permanencia del problema nacional-regional, que puede acarrearnos de nuevo situaciones trágicas al margen de este castigo cotidiano de impedir una vida normalizada. De este modo vuelve a estar en entredicho la afirmación de que la vida española ha cambiado en estos años al punto de haber desterrado nuestra propensión a resolver de forma violenta las diferencias ideológicas. Este cambio de nuestro destino histórico, esta transformación de la sociedad española en la que coinciden todos los sociólogos, no ha supuesto la resolución de este problema básico, fuente de malestar, de desórdenes y de la incapacidad para plantear unos objetivos de solidaridad.

Es cierto que suena ya a muy lejano el certero análisis de Ángel Ganivet cuando escribía que...

> ... vivimos en perpetua guerra civil. Nuestro temperamento excitado y debilitado por inacabables períodos de lucha, no acierta a transformarse, a buscar un medio pacífico, ideal, de expresión y a hablar por signos más humanos que los de las armas... Queda en buena medida conjurada la división traumática de «las dos grandes fuerzas de España, la que tira

> para atrás y la que corre hacia adelante..., dislocadas por no querer entenderse...»[2].

Asimismo, la sociedad española tampoco ha superado la condena de la crónica guerra civil a la que se refería Miguel de Unamuno:

> España, en nuestro caso, en su historia, que no la pasada sino la presente, la siempre presente, la eterna, la que, querámoslo o no, estamos viviendo. Y con sus íntimas contradicciones, con su crónica guerra civil[3].

O cuando aludía a la fragilidad del propio suelo histórico. Ese sobre el que caminamos. Una España

> que se descoyunta y desvencija... Los chasquidos que me llegan del subsuelo espiritual que se agrieta y resquebraja: la de los cimientos de la patria que se estremecen[4].

Las imágenes de la vida como naufragio, como sentimiento trágico, como inevitable conflicto civil... no respondían a un vicio retórico de nuestros escritores. Ojalá no hubieran sido apostillas a tres guerras civiles y advertencia sobre otra. El llamado «problema español» no era una preocupación metafísica, sino que tenía que ver con las formas de organización social y política, con las formas de convivir y los modos de estar instalados respecto a la ciencia, a la tecnología, a la misma memoria histórica, y desde luego, al futuro. La del 98 fue una generación, la primera, que buscó una respuesta nacional, que intentó una inter-

---

[2] Ángel Ganivet, *Idearium español,* Madrid, Espasa Calpe, 1990.

[3] Miguel de Unamuno, «Los muros desmoronados», *Ahora,* 21 de diciembre de 1933.

[4] Miguel de Unamuno, «Carta a Manuel Abril», *Ahora,* 24 de noviembre de 1933.

pretación nacional y tuvo el valor de comprometer en esa indagación a los pensadores de las generaciones posteriores. El grito de Ortega y Gasset —«Dios mío, ¿qué es España?»— prueba que la persistencia del problema obligaba a mantener la indagación en términos cada vez más dramáticos:

> España se va deshaciendo, deshaciendo... El proceso de desintegración avanza en riguroso orden de la periferia al centro... En 1900 el cuerpo español ha vuelto a su nativa desnudez peninsular. ¿Termina con esto la desintegración? Será casualidad, pero el desprendimiento de las últimas posesiones ultramarinas parece ser la señal para el comienzo de una dispersión peninsular... que estos separatismos de ahora no hacen sino continuar el progresivo desprendimiento territorial sufrido por España durante tres siglos[5].

El punto culminante de la exasperación intelectual es, sin duda (lo hemos sabido recientemente), *El resentimiento trágico de la vida* de Miguel de Unamuno, ya comenzada la guerra civil del 36.

¿No es válido, entonces, ninguno de los viejos diagnósticos de nuestros clásicos para definir el malestar actual de la sociedad española? Ciertamente tiene mucho que ver con esa visión dramática de nuestros antepasados y con el mismo problema, el regional-nacional, si bien éste se plantea ahora en un contexto distinto, más favorable, más propicio y con una experiencia colectiva que tiende a desterrar la violencia.

Para ser justos, tenemos que contar con estas dos realidades: idéntica cuestión en circunstancia distinta. Esta de ahora no es la España que caminaba sobre el filo de una navaja barbera y en la que se dictamina de forma bárbara la opción en términos de «roja antes que rota».

---

[5] José Ortega y Gasset, *España invertebrada,* Madrid, Espasa Calpe, 1991.

Sin duda resultaría una exageración decir que nuestra actual forma de ser suscita la imagen de «la vida como un naufragio constante» de Ortega y Gasset. Pero ¿podremos encarar el futuro en la seguridad de haber conjurado los enfrentamientos violentos si no llegamos a ser capaces de resolver los conflictos territoriales? Reconozcamos que nos sigue asaltando la imagen de Américo Castro sobre el «vivir-desviviéndose» del español.

No deja de ser abrumador que a finales del siglo XX tengamos que seguir dando vueltas a la definición de España y que nuestro consuelo sea el de que una determinada fuerza social resta apoyos a ETA.

Así pues, el de ahora es el eco debilitado, discreto, casi familiar, de nuestra crónica inseguridad. Aún podemos aplicar a España la imagen lainiana de la «mal asentada piel de toro» y aún no podemos afirmar que el español haya dado con una fórmula estable «después de siglos y siglos sintiendo faltarle la tierra bajo los pies».

Así pues, el español tiene, además de los males de nuestro tiempo, este privativo suyo y ya clásico. De su naturaleza es bien expresivo el siguiente texto del escritor ya desaparecido Luciano Rincón:

> En Euskadi periódicamente nos recorre un temblor de identidad que cada ciudadano conjura como puede. ¿Son exclusivamente vascos los vascohablantes? ¿Somos vascos también los que sin hablar euskera hemos nacido o vivido siempre, o el tiempo suficiente en Euskadi, para asimiliar los paisajes físicos, culturales, históricos, lingüísticos y éticos existentes? ¿Lo somos cuando votamos a un partido determinado y perdemos tal condición si votamos al contrario? ¿Lo somos cuando votamos a un partido considerado vasco y dejamos de serlo si alguien decide que ese partido ya no es vasco? ¿Se puede ser vasco y dejar de serlo por la opción política, que no administrativa? ¿Se pue-

> de ser y dejar de ser vasco cada cuatro años por esa opción política, e incluso puede un ciudadano levantarse vasco y acostarse extranjero, según los enfrentamientos de la jornada? Corto las preguntas por propia voluntad, no porque se me hayan acabado las dudas, ya que todo eso y mucho más puede suceder [6].

Ciertamente es muy difícil escapar en una sociedad mediática a los mensajes desasosegantes que emiten los nacionalistas. Para valorarlos he elegido como ejemplo un día cualquiera del mes de octubre del 93. Quiero decir que no se trata de una efeméride especial. El lector comprobará que ha vivido muchos días como ese e incluso más densos y más tensos. Pienso que la «lectura» de un día cualquiera «sitúa» la cuestión, o dicho en términos ignacianos, es una composición de lugar muy apropiada para la meditación que nos proponemos.

Pues bien, he aquí lo que, según los periódicos, «pasó» en esa jornada:

— Tras largas negociaciones los nacionalistas catalanes anunciaron su voto afirmativo a los Presupuestos del Gobierno socialista. Tal apoyo ha sido posible gracias a la concesión del 15 por 100 del IRPF. Según comentaristas, los nacionalistas catalanes pondrán precio a cada apoyo que presten al Gobierno de Madrid.

— El presidente Pujol, que ha viajado a Estados Unidos para buscar inversiones para Cataluña, presentó en el MOMA de Nueva York una exposición de Joan Miró. La campaña publicitaria se basa en un mapa exento de Cataluña y un texto que dice: «¿Sabe en que país nació este artista?» Al ministro de Exteriores... de España la publicidad le pareció provinciana; no quiso añadir nada más.

---

[6] Luciano Rincón, *ETA (1974-1984)*, Barcelona, Plaza & Janés, 1985.

— El presidente Pujol declaró que la vía autonómica no sirve ya para resolver el problema histórico de Cataluña.
— El PNV votó en contra de la reconversión del Senado. Entiende que esta debe ser la Cámara en la que los diversos «Estados» de España se relacionen entre ellos como soberanos. De este modo, el PNV venía a responder a la propuesta que había hecho Herri Batasuna dos días antes sobre la conveniencia de lanzar un debate en Euskadi en torno a las posibles soluciones al problema del Estado, incluidas obviamente el derecho a la autodeterminación y a la independencia, toda vez que se da por agotado el modelo de los estatutos de autonomía.
— Se da por hecho el voto afirmativo del PNV a los Presupuestos. El Gobierno de Felipe González confió hasta el último momento en que los nacionalistas aceptaran una cartera ministerial. (Los comentaristas socialistas daban por hecho que el PNV entraría en la genial jugada de Felipe González, cosa que nunca podrá hacer Aznar-PP.)

La primera consideración es la densidad informativa en relación con los temas autonómicos. La segunda, la condición agresiva y a veces inconstitucional de algunos de los planteamientos. Son obvias las transgresiones que afectan a instituciones, a las reglas de juego e incluso a la verdad geográfica (en el caso del mapa catalán). En tercer lugar, la estrategia autodeterminista es obvia, pública y cotidiana en los nacionalistas vascos; CiU sigue montada sobre el chantaje constante. «Sin tener que ir a Madrid a gobernar, y sin peligro de desgastarnos —ha declarado Jordi Pujol— hemos conseguido más ventajas que las que consiguió Cambó.» Por último, el partido del Gobierno parece desdeñar la naturaleza de los partidos nacionalistas.

¿Por qué son desazonantes estas informaciones? ¿Por la colaboración entre unos partidos de centro derecha y un partido socialista? Sólo en parte, puesto que ya estamos acostumbrados al estilo pragmático de este partido. Sorprende sobre todo el empeño de los socialistas en formar gobierno con un partido —CiU— que quiere conseguir una situación de privilegio por considerarse un «hecho diferencial», es decir, el empeño en ser víctimas de una presión más disturbadora y desestabilizadora que la que podría imponer un partido estatal, ya que al estar exclusivamente orientada hacia unos intereses regionales viene a contradecir la racionalidad estatal. De este modo, CiU impone un sesgo parcial a una política de Estado. La propia CiU entra en un terreno no concebido por ella en sus planes. Por lo que se refiere al PNV, ¿cómo no va a llamar la atención de la opinión pública que se ofrezca formar parte del Gobierno de España a quien no cree en España y confiesa públicamente que ni es ni se siente español? ¿Acaso puede sentarse en el Gobierno de España el representante de un partido que aspira a la soberanía, que compara a su país con Ulster, con Lituania y Letonia y que acusa al Gobierno de España de impedir el proceso de autodeterminación por su incapacidad para oponerse al Ejército? Más pudorosos los nacionalistas, más coherentes sin duda, se negaron a aceptar una cartera.

Tal plaga de contradicciones, de disparates, se suceden con apariencia de normalidad. Unos quieren convertir los deseos en realidad, otros piensan que la única forma de integrar a los nacionalistas es meterlos en el Gobierno de Madrid...

A partir de un escenario como el que se insinúa en este día de octubre, una imaginación normal en un país normal deduciría riesgos ciertos de la colaboración con un partido que exige el ejercicio del derecho de autodeterminación, que tiene como objetivo desgastar a los partidos estatales, abandonar el Estado para crear otro...

Es posible que tengan razón quienes piensan que la autodeterminación y la independencia son meras amenazas, recursos retóricos e, incluso, cláusulas de estilo. Es posible que el ejercicio del derecho de autodeterminación en el País Vasco y/o la conquista de un autogobierno en Cataluña, prácticamente un *status* de estado independiente, no pongan en peligro la paz y la convivencia. Es posible que la inteligencia preclara de Felipe González y la capacidad de su partido («el único que garantiza la unidad») consigan engañar, integrar, convertir a los partidos nacionalistas... Pero aun aceptando esto como posible, es indudable que la agresión nacionalista está produciendo una degradación de la vida pública española, está generando un resentimiento en ciudadanos y regiones hasta un grado que desconocemos, ya que las regiones y los ciudadanos lesionados no tienen que ver con situaciones de opresión antiguas, sino que más bien han sido colaboradores desinteresados de una política de descentralización del Estado y de reconocimiento de regiones normalmente más ricas y poderosas que las propias.

¿Por qué hablar de posibles males cuando son tan graves los ciertos? Las amenazas de independencia, la afirmación de particularismos no son platónicas, sino que tienen unos efectos en la cultura, en la educación, en la moral colectiva, en la autoestima. Sencillamente, en la medida que sirven para reafirmar la personalidad de la región menoscaban la de la Nación. Y de la debilidad cuando no inexistencia práctica de ésta. ¿Cómo van a funcionar unos pactos sociales cuando la solidaridad y el sacrificio de las partes no tienen una causa suficiente? El escaso talento político de nuestros últimos ministros de Industria se ha revelado, sobre todo, no sólo en su incapacidad de diseñar una política industrial «nacional», sino en su incapacidad para ver esta necesidad. De la misma manera podríamos hablar de la cultura: medios audiovisuales, lengua, industria editorial...

Estamos llegando a un notable modo de resolver el histórico problema regional-nacional de España: mediante la eliminación de ésta.

Como es lógico, ante este vacío reaccionan los nacionalismos clásicos y surgen otros nuevos... El gallego ha resurgido ante la ausencia de una política estatal coherente. ¿Acaso el Gobierno central no se podía figurar que el trato de favor a Pujol podría tener su réplica en otras regiones? Aprendices de brujo, los socialistas han actuado de tal modo que se desautorizan a ellos mismos. Han inducido a votar a un nacionalista, ya que únicamente parecen respetar a los nacionalistas. El ejemplo de Pujol y de Arzallus cunde. ¿Acaso no les alaba además el establecimiento de Madrid como políticos responsables? De «patriótico» calificó Felipe González a Pujol por haberle apoyado en el debate de los Presupuestos. Así que el profesor Beiras ha desempolvado este disfraz de Antonio das Mortes, capa y sombrero, se ha sentado al piano y ha pedido los votos de la eficacia para este país realmente necesitado que, con razón, puede justificar más que Obiols un nacionalismo «defensivo», ya que calificar así a los que corresponden a las dos regiones hegemónicas de España es más bién poco riguroso. Pero esta línea abierta por Felipe González tendrá sin duda consecuencias orgánicas en el PSOE. En el PSC puede inducir a militantes y a algún dirigente a acentuar su propensión nacionalista. Es ingenuo pretender que se pueden aplicar tácticas mediante las que se premian unas muy concretas formas de entender la sociedad, el poder, el Estado, sin que ello tenga unos resultados miméticos.

El proceso nacional-regional está provocando un malestar creciente, tanto por los intereses particularistas que revela, por la debilidad de los criterios solidarios, como por la opacidad y la «privacidad» de los métodos. Sobre todo, por la evidencia de que «su reino no es de este mundo». La actitud de Pujol o de Ardanza como políticos que barren para su casa y para unos fines que únicamente ellos conocen bien es una agresión cotidiana, un masaje constante que hasta el momento se expresa en contenidas manifestaciones de malestar en los medios de comunicación. Y no se trata precisamente de los partidarios del dogmatismo unitarista.

Esta situación está abocada a un agravamiento progresivo. No hay que ser profeta. Existen, eso sí, respuestas varias. La normal es la constitucional: la aplicación de los Estatutos, sin duda correosa, sobre la que caben discrepancias tanto en el ritmo como en la interpretación. Pero esos son los costos de un mecanismo tan inteligente como débil que es el Estado autonómico. Al margen de esta solución están los procesos que nos insinúan un día sí y otro también no sólo los partidos radicales como HB o ERC, sino los reformistas como CiU y PNV. Esta vía que rebasa el Estado autonómico y la Constitución y, por tanto, lo pactado, la base constituyente no puede dejarse abierta, al albur. ¿Por qué? Sencillamente, se hace con ello un mal favor a los propios nacionalistas y desde luego a toda la sociedad. Una sociedad requiere horizontes definidos, algo tan elemental en el ámbito de las libertades públicas y privadas como es la seguridad. En todo caso, cualquier otro pacto que suponga una novación de lo anteriormente convenido y aceptado por el pueblo español, esto es, por la Nación española, debería ser objeto de un tratamiento. Lo inadmisible es introducirlo diariamente como un elemento de persuasión o de condicionamiento.

En esta situación se advierten dos actitudes: la primacía de los objetivos de poder inmediatos a costa de principios, ideas y creencias y la primacía de la concepción de la sociedad a la que se sirve desde la política. Tengo que decir que los nacionalistas se encuentran en esta segunda opción y eso es lo que les da ventaja y superioridad moral y estratégica. Aunque no pueda repetirse la historia, ¿no tiene gracia que Aznar haya propuesto a González un nuevo Pacto de El Pardo? Está tan cerca el 98... La atonía de la sociedad, la muerte de las voluntades a no ser que estén agrupadas en torno a los poderes (político, financiero, periodístico), la paramera cultural y científica, el imperio de la incultura y del gusto medio que es la degradación del gusto, la chabacanería, el retroceso del feminismo y la inexistencia prácticamente de los movimientos ecologistas... Retumban en la cabeza las advertencias de Unamuno, los análisis de Ortega. ¿Tendrán que volver a intervenir los intelectuales en esta hora de nacionalismos y de fundamentalismos, tendrán que volver a recuperar su función, un nuevo compromiso, los intelectuales que la posmodernidad y el fin de la historia había hecho innecesarios?

En esta miseria se produce la tensión entre autonomistas y nacionalistas. Unos, cargados de razón institucional puesto que se rigen por la Carta Magna y su desarrollo, pero desprovistos de una concepción nacional más allá de la letra, dudosos, suficientemente hábiles como para cambiar de posición si la eficacia lo requiere, esto es, el mantenimiento en el poder. Por otro lado están los nacionalismos, ciertamente aferrados a un fundamentalismo cultural flanqueado tan a su pesar como objetivamente por otras opciones más radicales y, en el caso de ETA, violentas. Con ello se produce una asimetría de posiciones y de fuerzas. Las clientelas de los unos son pasivas y están defraudadas; las de los otros esperan la epifanía. Unos asumen la idea de Nación en términos de exaltación; los otros no la conciben siquiera o la entienden de forma peligrosa porque no la han limpiado de la ganga franquista. Por tanto, unos tienen resortes, motivos, claves; los otros están realmente en el fin de la historia. Unos tienen un Estado que no reconocen como nacional aunque su Constitución así lo diga... y el sentido común; los otros viven en la esperanza de tener un Estado propio.

No son, como digo, los nacionalismos lo único preocupante, sino los partidos estatales y la vida pública española. La asimetría con la que está avanzando el proceso nacional-regional español determina que mientras una parte de la comunidad, aquella que cree en «su» Nación, se siente armada moralmente, es activa, tiene unos objetivos y encuentra un sentido a la convivencia, la otra está instalada en la gestión de la supervivencia más rala, del realismo a mayor gloria de la ineficacia, en barroquismos tales como proponer la modernidad como un dogma y no hacer nada eficaz para acercarse a ella o amparar con el pretexto de la integración en Europa modos extraños a la forma de ser europea. Desde hace años estamos asistiendo al exterminio de un cierto léxico antes cargado de connotaciones positivas (modernidad, Europa, impulso democrático) a base de reiterarlo hasta el agotamiento sin ofrecer unos frutos.

En esta estrategia de la tensión el poder central caerá en todas las desgracias, desde la del oportunismo al dogmatismo españolista, si no se decide a abandonar los métodos barrocos y no asume de una vez por todas la idea de Nación, plural, libre y democrática —azañista—, desde la cual dialogue de forma eficaz y clara con los nacionalismos. Resultará extremadamente grave que por incapacidad para interpretar a los nacionalismos se tuviera que llegar como solución a un resurgimiento del nacionalismo españolista; ¿cómo habría que calificar a quien, después de haber encendido el fuego, se nos ofreciera como el único capaz de apagarlo? ¿Qué decir de aquel que denunciara la desigualdad entre la España rica y la pobre después de haberse mantenido en el poder gracias a los favores que hizo a aquélla? ¿Qué decir de quien entiende que es conveniente que el pueblo tenga un cierto grado de incertidumbre, incluso de miedo, para que tenga que confiar en el poder?

8. El asalto a la razón autonómica

Hasta tal punto comenzó a subir la fiebre nacionalista a lo largo de 1992, que don Juan de Borbón, con un pie en la clínica y otro casi en la tumba, hizo unas declaraciones históricas y un tanto lapidarias: «Veo a España mal, algo desgarrada, y con su unidad amenazada.»

Estas declaraciones de Don Juan de Borbón se produjeron al hilo de la radicalización de los nacionalismos «moderados» que se dio en 1992 y de la que el lector podrá hacerse una cierta idea a partir de la secuencia de hechos que he tomado de *El País*. El tono frío, sumario, telegráfico, propio de titulares de prensa, no impide imaginar la ebullición nacionalista que iba a ir en aumento a lo largo del 93. La pugna de fondo es una batalla cultural en torno a que España no es una nación sino un Estado que deberá quedar reducido para las regiones históricas a una mera relación con la Corona. Como se puede ver, la respuesta de los socialistas fue mínima, pero aun este carácter testimonial iba a desaparecer al aproximarse las elecciones generales del 93:

— Obiols instará a Pujol a definirse entre el autonomismo o el independentismo en la campaña electoral (6 de enero).

— Pujol asegura que su partido es el único que garantiza la estabilidad de Cataluña (después del pacto de gobierno con el PSOE dirá que garantiza la gobernabilidad de España) (12 de marzo).
— Pujol reclama mayores cotas de autogobierno mientras sus seguidores lanzan gritos independentistas (16 de marzo).
— Pujol: «No existe una identidad cultural española» (9 de marzo). (Nadie replica, ni en el mundo cultural ni en el político.)
— Nacionalistas catalanes, vascos y gallegos aspiran a una presencia directa europea y critican al Comité de las Regiones (12 de abril).
— Fraga propone la Administración Única (14 de abril).
— Nacionalistas catalanes de Omnium Cultural piden en Grecia libertad para Cataluña (8 de junio).
— Aznar declara que hay que «fortalecer» España: ésta «no es una suma de 17 autonomías» (13 de junio).
— Independentistas catalanes se manifestaron en la llegada de la antorcha olímpica (14 de junio).
— CiU suscribe en el Parlament las demandas de libertad para Cataluña en los actos olímpicos (18 de junio).
— La campaña institucional de Acció Olímpica toma el título de «Freedom for Catalonia» (18 de junio).
— Aprobación en Manresa del texto independentista de las Bases per al Futur Nacional de Catalunya (21 de junio).
— El PSC debate cómo conseguir que la vinculación con el PSOE no dañe su imagen catalanista (22 de junio).
— González dice que no respaldará una petición discriminatoria de mayor libertad para Cataluña por parte de CDC (29 de junio).
— El PSC advierte que parte del nacionalismo catalán se desliza hacia posiciones ajenas a la Constitución (18 de julio).

— La campaña de prensa internacional en la que Cataluña se presentó como un país independentista ha costado 600 millones (21 de julio).
— La Generalidad de Cataluña presenta en la prensa la sede de los JJOO como la capital de un país independiente (21 de julio).
— Prosigue el acercamiento entre EA y HB sobre la autodeterminación (21 de julio).
— HB intenta articular un frente común abertzale en torno a la autodeterminación con EA y EE (22 de julio).
— ERC promueve un debate en el Parlament sobre una propuesta de independencia de Cataluña (24 de julio).
— Aleix Vidal-Quadras advierte que la exacerbación del nacionalismo catalán puede desembocar en un conflicto civil (7 de agosto).
— Setenta alcaldes de EA y HB se agrupan en Bermeo en una asamblea de municipios por la independencia (7 de septiembre).
— Pujol pide un encaje distinto para Cataluña (más tarde explicará que este encaje supone la relación directa con la Corona) (17 de septiembre).
— Manifestación independentista en Bilbao de HB y EA (19 de octubre).
— Don Juan de Borbón declara que ve a España mal y a su unidad amenazada (12 de octubre).
— Los partidos políticos disienten de estas declaraciones (20 de octubre).
— Solé Tura: «España es una nación y no la suma de 17 autonomías» (22 de octubre). (Solé Tura no «podía» ser el ministro de Cultura para el pacto de gobierno con Pujol. Había dicho, asimismo, que los partidos nacionalistas no pueden estar, por su propia condición, en un Gobierno español puesto que su óptica es particular.)

— La rama juvenil de CiU replica a la afirmación de Solé Tura sobre que España sea una nación (23 de octubre).
— Joan Guitart exige a Solé Tura que explique su idea de España como nación (27 de octubre).
— González declara en el Congreso que los nacionalismos le producen repugnancia intelectual (no volverá ya a criticar los nacionalismos) (21 de octubre).
— EA ofrece al PNV un pacto sobre la autodeterminación (29 de octubre).
— PNV y CiU plantean un nuevo pacto de Estado para diseñar un nuevo mapa autonómico diferencial (1 de noviembre).
— Garaicoetxea pide un Estado propio para los vascos (23 de noviembre).
— Aznar critica la ambigüedad nacionalista de Pujol y sus permanentes reivindicaciones.
— González y Aznar se acusan mutuamente en el pleno del Congreso de no defender suficientemente los intereses españoles, de mercadear con la unidad (16 de diciembre).
— Pujol niega los riesgos para la unidad de España apuntados por González (12 de enero del 93)...

Pero hemos entrado ya en el 93, a lo largo del cual se llevaron hasta el máximo las manifestaciones de disensión y las provocaciones: Advirtió Arzallus que, desde el momento en que a Lituania y Estonia se les ha reconocido el derecho a la autodeterminación, «nadie nos puede negar que nosotros nos adentremos en Europa con el mismo *status*»... «a Euskadi no hay quien la pare»... O «nuestra independencia es depender de Europa, no de España» (Arzallus, 15 de febrero de 1993).

Una cosa se ha ganado en estos dos últimos años: una cierta aminoración de la opacidad nacionalista, aunque los eufemismos, las contradicciones calculadas, las reservas mentales y los sobreentendidos sigan empedrando su discurso. Ello obliga a los más inteligentes comentaristas políticos a ejercicios como este de Ramón Cotarelo: «Jordi Pujol... en entrevista a *El País* aclara que España es una realidad plurinacional, que debe reconocerse como tal. Pero da la impresión que quiere decir pluriestatal. Nadie niega hoy el carácter plurinacional de España... He aquí lo que está en juego. La admisión o no de la existencia de España en un sentido verdadero y no meramente instrumental. En el discurso de Pujol se mezclan de continuo dos cosas: la permanente reivindicación de competencias y recursos para Cataluña, y las jeremiadas sobre su respeto a la existencia de España, concebida, evidentemente con mucha incomodidad, como algo más que un Estado que no puede ser sino un elemento nacional. Tan confusa mezcla es poco propicia a la cordura» *(Diario 16,* 10 de febrero de 1994). La batalla por parte de Pujol es insistir en el carácter nacional de Cataluña y en el carácter estatal de España. Cuando dice que «Cataluña es una nación dentro de un Estado plural», afirma una obviedad constitucional tanto como oculta que España sea una nación, un Estado nacional o una nación de naciones. Esa es y será la batalla de los nacionalistas: terminar con la idea de España como nación. Por tanto, se trata de unos nacionalismos que no se contentan con afirmarse ellos, sino que necesitan negar la mayor. Claro que de este modo dejan sin nación a riojanos, asturianos, castellanos, etc., y a quienes quieren ser españoles en Cataluña, País Vasco y Galicia.

El lector de hemeroteca que se encuentre con estos titulares sobre asunto tan grave buscará sin duda los antecedentes que puedan explicarlo. Inútilmente. Tendrá que contentarse con encontrar la causa en la proximidad de las elecciones generales y la previsible necesidad de compartir poder con los nacionalistas, habida cuenta la pérdida de la mayoría absoluta del PSOE. El PSOE insistió, a través de comentarios de dirigentes y del propio González, en ser el único partido capaz de mantener la cohesión territorial, una verdadera irresponsabilidad a poco que se analice la proposición. Porque ¿qué se quiere decir cuando se afirma que un partido es fundamental para mantener la cohesión nacional? En primer lugar, que si no fuera por él habría un peligro cierto de ruptura; que las otras instituciones, la Corona, las Fuerzas Armadas, el poder financiero, el empresarial, el sindical, la propia voluntad de los españoles... no son suficiente garantía de cohesión; que los otros partidos son sustituibles a esos efectos... La vinculación entre la cohesión española y la existencia del PSOE ha sido pocas veces tan claramente expresada como en esta intervención del presidente del Senado, Juan José Laborda, el 10 de noviembre de 1992: «Quienes pretenden sustituir al PSOE en el Gobierno debieran intentar conservar un patrimonio valiosísimo que los socialistas vamos a legar: la articulación y la integración de España... no se podrá gobernar concibiendo el Estado como la suma aritmética de diecisiete comunidades autónomas... Sin ese valor añadido *no es posible preservar el Estado como tal.* Sería erróneo que pensaran en sustituirnos en el Gobierno de la nación destruyendo o poniendo en crisis esa articulación que como partido y como Gobierno hemos logrado los socialistas...» La articulación del Estado «necesita equilibrios y necesita también soportes políticos, entre los que está un partido articulado que sea capaz de mantener la solidaridad entre los distintos territorios».

JJOO y miseria nacionalista

La celebración de los JJOO constituyó un elemento de radicalización nacionalista. El éxito tanto deportivo como organizativo quedó ensombrecido por la sórdida polémica regionalista. La grandeza de espíritu de los atletas que arropaban tras los triunfos sus pechos y gargantas con los colores de todas las banderas puso en evidencia la miseria de quienes quisieron convertir los JJOO en un elemento de propaganda.

En pocas ocasiones la bajeza del espíritu nacionalista se podrá mostrar de forma tan palmaria y la insolidaridad de modo tan clamoroso, quizá porque también hay pocas ocasiones para sentir el calor de una comunidad como en unos Juegos Olímpicos. Las medallas de los atletas españoles no sólo no fueron celebradas con orgullo por los nacionalistas catalanes, sino que se procedió a una bochornosa contabilidad de las tuyas y las mías. Con políticos así, con grupos así, sólo cabe vivir en paz, conllevarse, como decía Ortega.

Con motivo de los JJOO hubo momentos muy humillantes para el colectivo español, pero quizá ninguno como la exhibición de pancartas con consignas en inglés: «Freedom for Catalonia». ¿Qué consideración puede tener un catalán por su propia lengua si tiene que escribir su pintada en inglés? ¿Qué autoestima pueden tener las juventudes de Pujol cuando deben reclamar la atención del público internacional para explicarles su aspiración a la libertad nacional?

La campaña publicitaria en periódicos europeos basada en la imagen de un mapa exento de Cataluña, que se ha repetido posteriormente en Estados Unidos, muestra una forma de provocación nacionalista muy distinta a la vasca. Ese mapa exento es la «separación» simbólica. Cataluña se presenta en solitario y de forma insolidaria ante mercados exteriores. «In which country would you place this point? In Catalonia, of course.» Una pedagogía orientada a reconocer a Cataluña sin la ayuda de España.

Los JJOO fueron asimismo la ocasión para la guerra de las banderas. Para el dirigente de ERC, Ángel Colom, la presencia de banderas catalanas constituyó una goleada... Los textos de la Generalitat decían: «De l'Estadi Olimpic, la nostra i més de cent banderes... A la ciutat, a cada casa, només una, la nostra, la senyera...» La lucha tensa, soterrada, extraña a los certámenes olímpicos, entre quienes aprovecharon la ocasión para demostrar la particularidad catalana y quienes intentaron presentar a España como una integración de pueblos habría dado para una película más emocionante sin duda que la de Carlos Saura. También más triste. Los comportamientos de Pujol y de CiU con motivo de los JJOO demostraron hasta qué punto resulta difícil conseguir una política nacional española, una política de integración y solidaria. La brillante gestión del Ayuntamiento de Barcelona y del propio Maragall no impidieron que éste tuviera que hacer una interpretación «peculiar» de los JJOO. El alcalde de Barcelona demostró una vez más su seguidismo fundamental respecto a Pujol al sacar la conclusión de que los JJOO habían venido a demostrar que España nunca ha reconocido a Barcelona como ésta se merece y que ha llegado el momento de este reconocimiento, a partir del cual podrá hablarse de una refundación de España. Así pues, en un intento de hacer gala de un espíritu más abierto, el alcalde Maragall insistía en un agravio comparativo histórico y en nada menos que una «refundación» de España. A su vez y siempre en la línea de corregir unos grados el espíritu estrecho y excesivamente localista de Pujol, el presidente de los socialistas catalanes, Raimon Obiols, reclamó en la apertura del curso parlamentario inmediata a la celebración de los JJOO, que se mantuviera el espíritu del 92 para que «Cataluña pudiera reconvertirse en el motor de una España en transformación, opuesto al modelo balcánico de los nacionalismos agresivos». La política de los socialistas catalanes, basada en un nacionalismo débil, no agresivo, como señaló Obiols, los lleva de forma inevitable a un seguidismo de Pujol. Desgarrados entre la racionalidad del Estado y la sentimentalidad nacionalista, terminan haciendo el discurso de la ambigüedad, propio de quien tiene cubiertas sus dos tendencias: la española por el PSOE, la catalanista por Pujol. A partir de ahí solicitan el liderazgo de Cataluña (Pujol intenta ejercerlo) y piden una refundación de España.

El viajero que en esos días olímpicos habría visitado el País Vasco habría tenido la oportunidad de leer pintadas de EGI (juventudes del PNV) con frases como esta: «¿Qué hace Euskadi en España?», «¿Para qué necesitamos el Estado español?»... Y si el viajero se decidiera por encaminarse a Zaragoza podría encontrarse con una advertencia despectiva —«a 100 km., España»— cuando ya se presiente la sequedad de los Monegros...

El paisaje español, de la mitad para arriba, está signado con estas muestras gráficas de la confrontación regional. Y nada más melancólico que la pintada de trazos gruesos y negros sobre un tapial de adobe en las cercanías de Villalar: «Castilla entera se siente comunera.»

Pero si el tono de los nacionalistas había ido subiendo a lo largo del 92, ¿qué decir del año siguiente?

Los observadores políticos se resistían a admitir lo evidente: el asalto a la racionalidad autonómica. La fórmula constitucional comenzaba a perder prestigio, los nacionalistas moderados (y, por supuesto, los radicales) proclamaban su obsolescencia de tal modo que el Estado autonómico iba quedando como una construcción efímera, ciertamente útil hasta la fecha pero insuficiente y con los días contados.

Así pues, quienes quieren interpretar los movimientos de los nacionalismos moderados como una forma de conquistar algunas «transferencias» más juegan a engañarse quizá por puro miedo a la realidad, o bien son unos estupendos compañeros de viaje del PNV y CiU en esa aventura a lo desconocido que es la sustitución del actual Estado por varios o por una fórmula de federalismo desigual.

Porque hay algo cierto: los nacionalistas vascos y catalanes —con las diferencias que se quiera de ritmos y lenguaje— aspiran a un «encaje» distinto y privilegiado respecto a otras regiones. Piensan que una nacionalidad debería haber tenido un tratamiento distinto en la configuración del nuevo Estado democrático. (Por cierto, los especialistas han criticado con frecuencia —dentro de ese espíritu generoso con el que se obsequia a los nacionalistas— el término «nacionalidad» por impropio e insuficiente; pues bien, deberían recordar que Prat de la Riba no lo encontró contradictorio con sus aspiraciones ni siquiera cuando soñaba con llevarlas a su máxima expresión: al imperialismo. «L'imperialisme és el periode trionfal d'un nacionalisme: del nacionalisme d'un gran poble. Aquesta és la veritable substància de l'imperialisme...» [1]. Si a Prat de la Riba le valió el término para titular un libro con ese final sonrojante para una sensibilidad democrática, ¿por qué no les vale a los exegetas de la Constitución como calificativo de la diferencia catalana o vasca?)

Los nacionalismos moderados compaginan el rechazo de la racionalidad autonómica con una coexistencia que, en el caso vasco, llega a la formación de una coalición gubernamental con los socialistas y, en el caso de CiU, a formas de apoyo parlamentario al Gobierno «de Madrid». Esta dinámica tan típica de los nacionalistas lleva a una mayoría de la población española y de los políticos a pensar que su ideología es puro oportunismo y que no es, por tanto, preocupante. ¿Cómo tomar en serio su insolidaridad con la Nación española, su cuestionamiento del Estado y sus afirmaciones autodeterministas cuando se aprestan a «sacar el país adelante y a superar la crisis económica juntos»?

En todo caso, la subida de tono de las reivindicaciones nacionalistas ha permitido que se haya comenzado a conformar una opinión pública sensible al problema nacional-regional. La opacidad de los designios nacionalistas respecto a los métodos y respecto a los grados de sus reivindicaciones ha comenzado a crear un ambiente de preocupación.

Citaré dos hechos relevantes en este sentido. El primero se refiere a la batalla sobre el IRPF alentada por CiU: quedó claro en el transcurso del debate que Cataluña condicionaba su apo-

---

[1] Prat de la Riba, *La nacionalitat catalana,* Barcelona, Barcino, 1977.

yo al Gobierno de Madrid a la cesión del 15 por 100; este procedimiento revela cuál es su forma de relacionar los intereses propios y los del Estado. Por otra parte, a los ciudadanos les inquieta el carácter escalonado e ignoto de las reivindicaciones. El símil apropiado sería el de una perspectiva ascendente envuelta por la bruma. Tanto Pujol como Macià Alavedra, su consejero económico, han declarado que el 15 por 100 es el primer peldaño hacia la conquista del cien por cien. El despegue de Cataluña está ya anunciado. ¿Qué poder será capaz de oponerse a esta pretensión que, sin duda, traería en cadena las de otras regiones? Pero justamente esa diferenciación entre la legitimidad de Cataluña para aspirar al control de todos los impuestos y la improcedencia en otros casos es lo que definirá, a juicio de Pujol, el «encaje» de Cataluña en el Estado. Días después de insistir en que no votaría a favor de los Presupuestos en el caso de que no se cediera previamente el 15 por 100 del IRPF a las comunidades autónomas, Pujol declaraba a *Avui* (29 de agosto del 93): «Ahora ya es evidente que el Estado de las Autonomías, con la interpretación que finalmente se ha hecho de la Constitución y del Estatuto de las Autonomías, no nos va, no resuelve el problema histórico de Cataluña.» Así pues, al tiempo que reivindicaba el comienzo del IRPF, e, incluso, al tiempo que ofrecía su apoyo parlamentario al partido del Gobierno de Madrid, rechazaba la vía de los estatutos, reclamaba indirectamente la modificación del de Sau, asaltaba, en definitiva, de forma suave la racionalidad autonómica. La jactancia con la que proclamaba a los pocos días de la votación de los Presupuestos su papel central en la «gobernabilidad» de España («hay Presupuestos y hay Gobierno gracias a CiU»), es reveladora de la concepción que tiene Pujol de las relaciones entre Cataluña y España. No sólo su capacidad para utilizar de forma interesada su papel político, sino el distanciamiento respecto al escenario «español», su manipulación distanciada, externa, a conveniencia.

Toda esta progresión en zigzag, esta forma de provocar y tranquilizar sucesivamente es su forma de ganar espacio, electorado y apoyos. Si al resto de los españoles puede parecerles una estrategia despreciable esta forma de actuar hasta el punto de ser calificada con frecuencia como chantaje, a ellos les parece virtud.

El otro hecho reciente, que ha abierto brechas de inquietud en la sociedad y que está sacando del sueño de la ingenuidad a algunos respecto a lo que significa y es el nacionalismo vasco, se refiere a las negociaciones en torno a la posibilidad de una participación del PNV en el Gobierno de la Nación. El hecho de que los socialistas llegaran a pensar que el PNV iba a estar dispuesto a ceder en su ideología a cambio de un ministerio vino a revelar algunas de las miserias socialistas: por un lado, la valoración infantilmente despropocionada de un ministerio como forma de participar en el poder político; el desprecio por las ideologías por cuanto las considera intercambiables por una cartera ministerial; el desconocimiento de la naturaleza de los nacionalismos, esto es, del principio de confrontación con el poder central; por fin, el desconocimiento de la «situación» vigilada en la que se encuentra el PNV en el caso de que le diera por una veleidad semejante. Las pretensiones de Felipe González no dejaron de causar estupor en el seno del PNV. Los nacionalistas han dejado bien claro que la concesión de transferencias —54 pidieron en estas negociaciones— de un Banco Vasco o de cualquier otra reivindicación, no tienen por qué significar el final del nacionalismo. En una palabra: el cumplimiento del Estatuto no agota el nacionalismo.

Ha tenido, por tanto, que suceder lo obvio para que el PSOE haya comenzado a sospechar que eran infundadas sus esperanzas en una «conversión» del PNV y se haya decidido a diseñar una política para el País Vasco como respuesta a la del PNV. Sería de temer que en este nuevo aterrizaje en la realidad los socialistas se dispusieran a contrarrestar a aquél mediante concesiones distorsionadoras del Estado autonómico.

El final de este episodio no pudo ser más histriónico: el portavoz peneuvista, Anasagasti, amenazó con la capacidad de «desestabilización» de su partido, «tanto en Euskadi como en Madrid». Y cuando aún resonaba el eco de esta amenaza, ETA atentaba contra la vida del sargento de la Ertzaintza Goicoechea. La movilización por este asesinato vino a revelar los mecanismos más deleznables del nacionalismo: la doble valoración de la vida humana, ya se trate de «uno de los nuestros» o de un extraño, de un guardia civil o de un ertzaina, de un extremeño o un donostiarra, de un empresario vasco o madrileño. Sin pudor ninguno se vino a confesar que lo peligroso de este atentado era la agresión «a un vasco y nacionalista» y que este atentado abría una nueva fase peligrosa: el enfrentamiento civil vasco...

Los dirigentes de los partidos han sido verdaderamente locuaces en estos dos últimos años. Ello nos ha permitido comprobar que sus aspiraciones no se encierran en las formulaciones programáticas, sino que se convierten en vida, que pertenecen al mundo de la conquista política diaria, que informan la batalla cotidiana.

De seguir el ritmo actual, el panorama que trazo en estas páginas quedará desbordado en poco tiempo. Tan seguro estoy de ello como de que la realidad confirmará la tendencia que lo informa. ¿Por qué, entonces, no limitarme a describir las estrategias, esto es, lo permanente? Porque he llegado a la conclusión de que los españoles no acaban de creerse la naturaleza de los nacionalismos a no ser que se les metan los hechos por los ojos.

Cuando se contempla la parábola que han seguido los partidos nacionalistas cabe sospechar que emprendieron el camino autonómico con grandes reservas mentales. De hecho, el PNV, con reservas explícitas. Otros, como HB, renunciaron a las instituciones nacionales. Todos se han aprovechado de los recursos que le han permitido los Estatutos sin dejar de apuntar constantemente a propósitos más altos. De este modo estamos asistiendo a una batalla mucho más abierta por parte de las formaciones nacionalistas.

La cuestión en el País Vasco

El nacionalismo vasco marcha con dos piernas: la reformista e institucional (PNV y EA) y la rupturista y violenta (HB-ETA).

Los efectos del terror en la opinión pública conducen a una aproximación acrítica y generosa al nacionalismo moderado. Se pasa por alto el fundamentalismo de éste, su xenofobia, su racismo, su mitificación del pasado vasco que utiliza de forma beligerante contra el común español, la insolidaridad respecto a otros pueblos de España y la ambigüedad oportunista en sus relaciones con la comunidad nacional española y su Gobierno. El terror de ETA envuelve a Arzallus y Ardanza en una orla de sensatez y cordura aun cuando pidan la autodeterminación y vulneren el consenso constitucional.

Es un «ejemplo» de cómo el terror consigue anular la política o dejarla reducida a su expresion más escuálida.

Ahora bien, ¿qué sucederá cuando termine la violencia, como parecen indicar las posiciones antiviolencia de una buena parte de la clientela de HB, así como de antiguos dirigentes como Txema Montero o como Chelis, que anuncia su entrada en un convento cuando termine su cárcel en Francia? Porque ETA parece tener los días contados[2]. La alianza del cerco policial y el cansancio de los militantes, especialmente del colectivo de presos en nombre del cual se justifican asesinatos y extorsiones, no per-

---

[2] Entrevista con Txema Montero en *El País,* 2 de agosto de 1992: «Lo que me preocupaba era si ETA y la lucha armada tienen un rol... Mi conclusión es que no... Cuando por primera vez HB era la primera fuerza electoral en las Vascongadas ETA intentó vanguardizar la situación dando un salto cualitativo. Fue el cenit y quizá el ocaso... La inflexión se produce cuando un sector importante del pueblo vasco rechaza los objetivos si se emplean determinados métodos y concluye que no vale la pena la independencia si produce a su paso desolación, tragedia, enfrentamiento entre los vascos que aspiran a ese ideal. ETA empieza a ser un factor de regreso desde que preocupa más a los vascos la lucha armada que los objetivos pendientes...»

miten ya muchas esperanzas a una organización convencida de que la victoria militar corresponde a antiguos espejismos. HB y ETA se resisten a dar por terminado su empecinamiento político porque necesitan la violencia para negociar en condiciones más favorables la solución de los presos. Por otra parte, al PNV y a EA les interesa un final de ETA «honorable», no policial, de tal modo que no quede la sociedad abertzale marcada por este trauma de forma definitiva. Existe una coincidencia que va desde Idígoras a Garaicoetxea pasando por Arzallus en el sentido de que es necesario preservar el futuro del País Vasco de una derrota lesiva para todos ellos. «ETA no es la banda Baader-Meinhof —dice Ardanza—. ETA tiene un soporte sociológico importante: el tercer partido de Euskadi es Herri Batasuna. Y un conflicto así no se resuelve con una victoria policial. Si queremos que no deje secuelas para el futuro y ese 17 por 100 de seguidores se integre en la construcción civil de este país, el cierre tiene que ser dialogado. El punto 10 de Ajuria Enea expresa que en cuanto ETA manifieste su voluntad inequívoca de no utilizar la lucha armada, nos comprometemos los demócratas a abrir un proceso de diálogo que termine con el "problema", puesto que el soporte del 17 por 100 que representa HB debe integrarse en la sociedad vasca.»

Estas coincidencias «familiares» suelen escapar a la percepción de los políticos nacionales incapaces de traspasar las barreras del terror para contemplar la trama profunda que implican las concepciones nacionalistas.

La opinión de Txema Montero, expulsado en junio del 92 de HB, de la que era dirigente y diputado en el Parlamento Europeo, va más allá del mero rechazo de la violencia. A su juicio ETA está retardando la conquista de la autodeterminación: «La lucha armada es un factor disfuncional. Impide la unidad de las fuerzas abertzales y dificulta la consolidación de un frente político que reclame la autodeterminación y la independencia.» De esta manera, se puede pensar que estamos frente a un movimiento inverso al que se produjo cuando se formó HB.

Como bien explicaba Luciano Rincón, HB como tal movimiento de masas se creó a partir de un grupo minoritario armado, al revés de lo que suele ocurrir en el Tercer Mundo, donde los movimientos de masas son los que dan origen a los grupos armados[3]. «En Euskadi es el núcleo armado el que intenta promover un grupo fiel», y así Herri Batasuna nació como una coalición electoral y como una integración de formaciones en torno a los postulados de ETA. Por ello la reconversión interior de HB puede determinar la de ETA que, en ese caso, quedaría reducida a su expresión política, a KAS. Por los movimientos de ciertos dirigentes o ex dirigentes de HB se puede deducir que se está produciendo un movimiento inverso al inicial que describía Rincón. Se puede presumir que los políticos de HB están intentando dirigir al aparato armado. Los movimientos de los presos confirman esta disensión creciente respecto a la lucha armada para apoyar lo que sería el gran acuerdo abertzale para negociar la salida de los presos con la amenaza de la autodeterminación.

Es evidente que la forma que adopte el final de la violencia será determinante en el nuevo proceso de Euskadi. También parece obvio que las diferencias sobre la concepción social de

---

[3] Herri Batasuna nació en abril del 78 tras las deliberaciones de la llamada Mesa de Alsasua y como una integración de formaciones; esto es, como una coalición electoral en torno a los postulados de ETA. Por ello ha escrito Luciano Rincón que «HB es un movimiento de masas creado a partir de un grupo minoritario armado, lo que contradice su vocación tercermundista, pues en el Tercer Mundo son generalmente los movimientos de masas los que originan grupos armados. Esto... configura las características del "Ejército de Liberación Nacional", así como la de un movimiento revolucionario que se pretende el pueblo en armas... En Euskadi, frente a casos sudamericanos, es el núcleo armado el que intenta promover un grupo fiel. Es el grupo armado de la violencia minoritaria el que crea las organizaciones políticas pertinentes, tesis subsistente desde antes de Pertur incluso. En Euskadi los movimientos de masas surgen de los movimientos armados. La importancia de Herri Batasuna para la consolidación de ETA ha sido grande y lo sigue siendo...» (Luciano Rincón, *ETA, 1974-1984,* Barcelona, Plaza & Janés, 1985.)

HB y de los partidos moderados no dejará de pesar de forma decisiva en un nuevo tipo de confrontaciones. Algunos esperan que la racionalidad moderada del PNV por lo que respecta a sus concepciones sociales —democristianas en definitiva— se imponga a las afinidades nacionalistas. De momento veamos algunos de los puntos básicos compartidos por reformistas y revolucionarios:

a) *España como nación no existe.* Xabier Arzallus suele repetir que si bien hay que admitir la existencia del Estado español, no así la de España. Para Arzallus, un vasco es un «ciudadano» del Estado español puesto que está sometido a la norma y tiene un DNI, pero no es «español».

b) *Carácter abierto de las reivindicaciones: El derecho de autodeterminación.* En todo caso quizá lo que pueda resultar más agresivo o menos leal para el colectivo español es la condición abierta de las reivindicaciones nacionalistas. Tanto Arzallus como Ardanza repiten constantemente que la autodeterminación consiste en el derecho a reivindicar sin limitación alguna, a definir el presente y el futuro de acuerdo con la voluntad colectiva. En definitiva, el Estatuto no tiene techo[4]. Por su parte, el lehendakari explicaba, el 28 de agosto de 1992, a un periodista de *El País*: «Para la autoafirmación y autodeterminación no hay límites: los irá poniendo en cada momento la voluntad democrática. Los límites cambian en el transcurso de la Historia. A mí como nacionalista me preguntan muchas veces dónde termina mi pretensión y respondo que no termina en ninguna parte. Formo parte de una colectividad humana, que somos los vascos, y tenemos conciencia de identidad nacional: queremos ser dueños de nuestro

---

[4] El 26 de octubre de 1992, Xabier Arzallus respondía así a la pregunta del entrevistador: «Ustedes hablan de autoafirmación y autodeterminación, pero ¿cuáles son los límites?» «No hay límites. El PNV reivindicará siempre mayores cotas de autogobierno. El Estatuto no tiene techo...» «A los vascos nos asiste el derecho de determinar nuestro presente y nuestro futuro. Esto es lo que se llama autodeterminación.»

destino y gobernar en nuestra propia casa.» Un discurso de la historia dirigido a aquellos que sólo quieren ver en el PNV un partido que saca provecho electoral de su estrategia de confrontacion con el Gobierno de España.

Para los dirigentes del PNV la autodeterminación deberá plantearse en el momento conveniente. Según Arzallus, conviene posponerlo a la recuperación económica. Sus declaraciones posteriores sobre la necesidad de colaborar con el Gobierno central para salir de la crisis («nos la jugamos en los próximos quince años y o nos salvamos todos o todos nos vamos al garete») fueron interpretadas en Madrid como una adhesión institucional, cuando sencillamente Arzallus estaba señalando un tiempo para cada objetivo. No hay razón para interpretar torcidamente a Xabier Arzallus. Con frecuencia expone sus criterios con toda nitidez. Por ejemplo, en la entrevista concedida a *El Mundo* (15 de febrero de 1993) explicaba que una de las consecuencias de la integración de Euskadi en Europa será la desaparición de los Estados y que, por ello, no es necesario ya conquistarlo. Así pues: «... en la reestructuración de Europa, los vascos no tenemos que depender de España, no queremos ser una comunidad autónoma de una comunidad autónoma, sino comunidad autónoma de Europa: eso es la independencia, tener el mismo nivel que España». Ante eso, el periodista le pregunta: «¿Hay que reformar la Constitución española?» Respuesta: «No hay más remedio.»

A la pregunta del periodista: «¿El PNV está olvidándose de la autodeterminación?», respondía el lehendakari: «Yo distingo lo importante de lo urgente. En este momento no tiene sentido hacer un debate sobre la autodeterminación. No hay dejación de principios. La autodeterminación la estamos ejercitando de cara a Europa, cuando se apruebe Maastricht o la moneda única.» Para el dirigente de HB Floren Aoiz: «El contencioso entre ETA y el País Vasco se cerrará con el ejercicio del derecho de autodeterminación» *(Diario 16,* 2 de agosto de 1992).

La proclamación del derecho de autodeterminación en el Parlamento vasco el 15 de febrero de 1990, fue enjuiciada por los optimistas de Madrid como un mero requisito retórico que nunca será aplicado. La disposición adicional del estatuto establece que la aceptación de la autonomía no implica renunciar a los derechos que pudieran corresponderle al pueblo vasco en virtud de su historia.

c) Rechazo al Estado español y conquista de uno propio. En octubre del 92 las juventudes del PNV emprendieron una campaña con eslóganes como los siguientes: «¿Qué pintamos en este Estado?», «¿Para qué necesitamos a España?»... Respondían así las juventudes del PNV a la política de inversiones del Estado en Cataluña (JJOO) y Andalucía (Expo 92).

En la estrategia explicada con reiteración por Arzallus queda muy claro el problema de los tiempos, de los ritmos, al que nos acabamos de referir. Así, en este punto crucial para cualquier nacionalista, Xabier Arzallus ha establecido algunas correcciones. En el 92 se dedicó a explicar por activa y pasiva que el objetivo de la conquista del Estado no se plantea como en otros tiempos, como lo hiciera en su día José Antonio Aguirre. La perspectiva de la Europa política ahorra, a juicio del presidente del Euskadi Buru Batzar, esta lucha ya que los Estados de los países miembros desaparecerán prácticamente. De este modo, «una vez dentro de Europa el consejero de economía vasco tendrá el mismo rango que Solchaga» (ministro entonces de Economía y Hacienda). Arzallus apelaba en estos términos a una equiparación con el *status* de Lituania a fin de conseguir que Euskadi «se adentre en Europa». Advertía que desde el momento en que se les había reconocido el derecho de autodeterminación a Lituania o a Eslovenia «nadie puede negar que nosotros nos adentremos en Europa con el mismo *status.*» Poco tiempo iba a durar el optimismo de quienes interpretaron estas declaraciones como una renuncia a la conquista del Estado, ya que en el verano del 93, en pleno desfondamiento de la perspectiva de Maastricht, se sintió en la obligación de explicar que si fallaba el proyecto de Europa como podía temerse, Euskadi tendría que plantearse de nuevo la independencia[5].

d) *La diferencia étnica y el espíritu xenófobo.* La diferenciación de lo vasco y el carácter de la nación vasca no sólo tienen para sus defensores unos fundamentos históricos y culturales, sino también raciales, biológicos. De esta manera se actualiza a Sabino Arana. Así, lo que parecía una leyenda negra quedó desvelado un día gracias a la presencia de un periodista del *Diario Vasco* en el batzoki de Tolosa (enero del 93), en el que Arzallus dio una de sus habituales y familiares charlas[6]. Quizá tan sorprendente como el racismo que afirma y del que duda al tiempo es la xenofobia, el rechazo de «los de fuera», el sentido patrimonial de Euskadi y, por tanto, excluyente, la creencia en dos comunidades. En definitiva, todos los elementos que hacen de los nacionalismos el instrumento más peligroso.

---

[5] Mario Onaindía: «El autonomismo vasco», *Diario 16:* «Falta de adecuación que no se limita a los partidos nacionalistas que mantienen su independencia, aun cuando la reivindicación independentista de un Estado propio ha desaparecido de su ideario como explicaba, con profunda y bien trabada conferencia, el lehendakari en la Universidad Autónoma.» Sin embargo, unos meses después y una vez que fracasó el intento de colaboración gubernamental en Madrid y las negociaciones sobre 54 transferencias, Ardanza volvía a dejar abierta la puerta de la reivindicación independentista, y Onaindía se veía obligado a reclamar el cierre de las exigencias del PNV mediante un pacto de Estado.

[6] Intervención de Arzallus en el batzoki de Tolosa: «En Europa, étnicamente hablando, si hay una nación esa es Euskadi, Euskal Herria. No creo que sea una exageración decir que Euskal Herria, a nivel europeo, sin ir más lejos, es el fenómeno más sorprendente... Primeramente fueron los antropólogos con sus craneometrías, luego vinieron los hematólogos con el Rh de la sangre y todo lo demás y siempre encontraban algo peculiar en los vascos..., el hombre de Cromagnon perdura únicamente en los vascos. Eso puede ser importante para unos y no importante para otros, pero conlleva una realidad: la singularidad de este pueblo. Así pues, yo os digo que nosotros tenemos conciencia... Como a los eslovenos, estonios, eslovacos, cuando estén en Europa, no hay quien pueda negarnos que nosotros queremos un *status* semejante. A Croacia y a Eslovenia se les ha reconocido la autodeterminación. De momento, no se puede reconocer más... Tenemos que encontrar nuestras soluciones dentro de Europa y no fuera de ella... Parece que los de fuera quieren mandar en este país...»

Este texto, escandaloso, tuvo la réplica inmediata de algunos intelectuales vascos. El profesor Corcuera advirtió que el discurso estaba construido con los mismos mimbres del nazismo; pudo comparar con fortuna párrafos del texto de Arzallus y textos de *Mi lucha,* de Hitler. El ensayista Jon Juaristi profundizó en el racismo de Arzallus, igualitarista, como puede verse en el siguiente párrafo: «Las razas y las genéticas existen, evidentemente. No tenéis más que poner a un sueco y un zulú uno junto a otro. El problema viene cuando alguien dice que el sueco es superior al zulú y además lo quiere reducir a servidumbre en virtud de esa superioridad.» Para Juaristi estas digresiones biológicas no son sino un instrumento para dar coherencia a la cohesión abertzale, para precaver contra el mestizaje de HB, organización abundosa en maketos... de la izquierda radical.

La identidad del frente abertzale, ya rota desde el punto de vista «étnico» de los castellanos integrados en HB, iba a sufrir otro duro golpe con la entrada de una parte de Euskadiko Esquerra en el Partido Socialista Vasco, la expresión política de los «de fuera», los pervertidores de las costumbres y la raza misma. Con la incorporación de este colectivo al PSE-PSOE, con la de apellidos como el de Onaindía, un histórico del proceso de Burgos, va a resultarle más difícil a Arzallus englobar a los socialistas entre «los de fuera» en sus arrebatos xenófobos. El Partido Socialista de Euskadi, que ha rechazado tradicionalmente cualquier proclividad a aceptar formas o modos nacionalistas (en este sentido muy distinto al PSC), va a inaugurar una nueva forma de hacer política: «Lo interesante de este proyecto consiste en que la cultura política que se propone desarrollar este nuevo partido, el autonomismo, sólo tiene sentido que se haga en un diálogo con los nacionalismos para buscar un lenguaje común, a fin de interpretar correctamente el proceso autonómico, no como un proceso de autodeterminación, sino de construcción nacional de Euskadi, que se confunde con el de modernización y racionalización del panorama político vasco.» Si las elecciones generales del 6-J del 93 pueden ser tomadas como una prueba, habría que decir que sus resultados han refrendado el nuevo estilo definido por Mario Onaindía: el PSOE fue el primer partido de Euskadi, el primero en Guipúzcoa y el senador Onaindía el más votado por esta circunscripción.

En el pasaje que acabo de citar aparece la clave de un posible diálogo entre nacionalistas y no nacionalistas: el autonomismo, esto es, la base sobre la que arrancó la nueva organización del Estado y que ha ido quedando progresivamente arrumbada por los nacionalistas.

La particularidad catalana

La publicación de las tesis de la Generalitat sobre el giro autonómico que Jordi Pujol iba a exigir al Gobierno español en febrero de 1994 ha abierto los ojos a algunos y ha reducido al ridículo a quienes pensaban que el apoyo al PSOE era un tributo generoso a la «gobernabilidad» de España.

Pujol piensa que ha llegado el momento de la recuperación de la soberanía catalana de tal modo que se reproduzca la situación perdida en 1714.

Creo que nunca se ha recogido que el libro simbólico de Pujol es el informe que Feliú de la Peña elevó al rey de España a finales del siglo XVIII. De acuerdo con el espíritu de esta obra, la relación entre el poder ejecutivo de Cataluña y el monarca es directa, sin intermediación de otros poderes.

Con esta propuesta, Pujol despeja algunas incógnitas de su estrategia: reclama todos los poderes para el president y concibe el Estado como una confederación. Por otra parte, prosigue la escalada lingüística hasta hacer del catalán el idioma exclusivo y preferente.

Esta brecha de luz en ese reino de la opacidad que es la política de Pujol viene a revelar que, por vías dintintas, más tortuosas, menos llamativas, Convergencia quiere llegar a resultados similares a los de la autodeterminación.

Recientemente, Jordi Pujol quiso establecer la diferencia con el nacionalismo vasco: «El suyo es un problema de tipo étnico», dijo.

Pues bien, del mismo modo que el vasco, el nacionalismo catalán había comenzado a desbordar la vía autonómica en estos últimos meses. Muy recientemente lo confesaba Jordi Pujol: «Ahora ya es evidente que el Estado de las Autonomías, con la interpretación que finalmente se ha hecho de la Constitución y del Estatuto de Autonomía, no nos va, no resuelve el problema histórico de Cataluña»[7]. Según el president, la actitud generosa de los catalanes no se ve recompensada ni Cataluña acaba de encontrar su encaje en España. El Estatuto no le vale para admitir que ha habido un reconocimiento explícito, como exige él, del hecho diferencial catalán. «Aún no hemos encontrado nuestro encaje en España y por ello el problema de Cataluña no está resuelto.» «Deben terminar las interpretaciones restrictivas del título VIII de la Constitución.» Por otra parte, Pujol se ha mostrado arrepentido en varias ocasiones de haber firmado, a las seis de la madrugada, el Estatuto, esto es, medio dormido, esto es, inconsciente, esto es, irresponsable. Hay pocas ocasiones en las que los dirigentes convergentes o de Unió hayan explicado lo que interpretan como un buen encaje de Cataluña en España, aunque insisten en ello: «Para el nacionalismo catalán mayoritario —dice Macià Alavedra—, España es una realidad (quiérase o no) en la que Cataluña está integrada. Pero el problema es el encaje de Cataluña en esa realidad.»

El lenguaje traiciona. Las expresiones «arrimar el hombro» en Madrid, colaborar con la gobernabilidad indican una innegable

---

[7] Declaraciones a *Avui*, 29 de agosto de 1993.

distanciación. Se habla desde fuera. Cataluña y España. Encaje de Cataluña en el Estado. Por supuesto, de modo preferente. Se acabó el café para todos. Pujol se siente, al fin, hegemónico políticamente y va a por todas. Los hombres de CiU son menos programáticos que los del PNV, pero no menos exigentes.

La batalla más delicada es la cultural, y en ello se ha empeñado la Generalitat con más intensidad que el Gobierno vasco. Pujol es consciente de que tiene que fortalecer la conciencia catalanista y que aún hay un número muy alto de ciudadanos que se sienten españoles al tiempo que catalanes. La coherencia de los profesionales de la enseñanza, la facilidad del idioma... permiten a los catalanistas ser optimistas en este campo. Las diferencias culturales se ahondan de forma casi abismal en ciertas comarcas catalanas, mientras Barcelona puede exhibir una valoración mayor de lo mestizo. De seguir la tendencia actual se puede temer que Cataluña se vaya sintiendo cada vez más extraña al resto de España, hasta el punto de no reconocerse. Las advertencias de algunos observadores acerca del provincianismo que está padeciendo la vida cultural catalana, como las que ha hecho Mario Vargas Llosa, no son compartidas siquiera por los intelectuales socialistas. Le hegemonía nacionalista es especialmente visible en lo cultural.

¿Y cuál es el ideal de Pujol para Cataluña?

Posiblemente, Quebec. Hace muchos años, en 1965, su modelo era Holanda: «Cataluña no será un país normal, un país como Holanda, hasta el día que la gente viva aquí con el confort de allí, o que se ocupe menos por problemas pesados y un poco enojosos como el derecho a hablar la propia lengua o exhibir la propia bandera... Nosotros seremos un país normal, un país como Holanda...» En sus comienzos Pujol supo alentar el catalanismo con un romanticismo que no excluía la entrega de la propia vida: «Federalismo o autonomía —escribía en 1958—: en todo caso aquella libertad política mínima sin la que un pueblo está indefenso. Aparte de estas dos soluciones, sólo sería aceptable el separatismo. Por eso, para este dar forma política a Cataluña, es preciso que nuestra juventud esté dispuesta a dar mucho, también la vida.»

Convergencia Democrática, que comenzó como una federación de grupos y personalidades, se definió desde el principio como una formación nacionalista. La idea de construcción de Cataluña se sitúa en el centro de su origen y de su caminar como grupo[8]. La construcción se la planteó Pujol en el sentido estricto de rehacer un pueblo deshecho. El nacionalismo para Pujol iba unido a la realización personal: «La persona para realizarse necesita estar inserta en una nacionalidad, y en una nacionalidad sana. Por eso, para un país que no tiene resuelto el problema de la identidad nacional, esta es una cuestión previa. Y este es nuestro caso.» Para definir este nacionalismo, Pujol no encuentra fronteras magistrales: reivindica el conjunto de la tradición política catalana. Al lado del ensalzamiento de la figura de Prat de la Riba, como personificación de la ordenación del gran esfuerzo creador de principios de siglo, Pujol destaca la adecuación de los planteamientos de Macià y de la Esquerra, y la complementación de organizaciones y hombres como Nin, Comorera y la CNT..., pero la constante más influyente es la referencia cristiana, la concepción del contenido comunitario del nacionalismo, la necesidad de una mística colectiva y la fidelidad de unas virtudes y valores básicos, la crítica al catalanismo y a las actitudes espirituales y mentales anteriores a la guerra (Marcet); después, como partido nacionalista y socialdemócrata en el contexto de la primera etapa de la transición, cuando el objetivo electoral estaba situado más bien en el centro izquierda que en el centro derecha. Por entonces los dirigentes de CDC, Pujol por supuesto, se presentaban como federalistas, hasta que más tarde comprendieron que el autonomismo permitía respecto

---

[8] Joan Marcet, *Convergencia Democrática de Cataluña,* Centro de Investigaciones Sociológicas, 1987.

al federalismo una vía más libre hacia el autogobierno y unas mayores diferencias con otras regiones. La virtud de Pujol es disponer de un repertorio de respuestas a la altura de la complejidad que requiere un electorado «nacional». Gracias al magisterio del historiador Vicens Vives ha sido capaz de hacer una síntesis entre Prat de la Riba, Cambó y Macià a partir de un cañamazo de cristianismo personalista y poético (Saint-Exupery y Peguy).

La concepción que Pujol tiene de España se basa en cuatro nacionalidades: Castilla, País Vasco, Galicia y Cataluña, en el caso de que no quisieran entenderse con el Principado, el País Valenciano y las Islas. Rechaza la comparación de Cataluña a otras regiones que no sean estas y reivindica, por tanto, un trato diferenciado. Por eso rechaza el federalismo, ya que se formaría a partir de los elementos autonómicos actuales, lo cual representaría una igualación perjudicial e injusta en todos los órdenes. En *El federalismo, un concepto equívoco,* ha escrito: «Si bien es cierto que la federación puede ser, técnicamente hablando, una solución al problema nacional catalán, en cambio la doctrina política del federalismo no encaja en nuestra problemática en tanto que pueblo... Pero eso no quiere decir que en el orden nacional tengamos que ser federalistas. En el orden nacional tenemos que ser nacionalistas. Lo que cuenta de verdad no es la estructura federal; lo que cuenta es la sustancia, es la realidad del país que hay detrás de esa estructura...» Si Pujol dijera todo lo que piensa tendría que añadir —aunque se entiende— que una situación privilegiada en el contexto español o cerca de él le resulta más beneficiosa que el igualitarismo federal.

El federalismo supondría ventajas para otras zonas del Estado, según Pujol. Así, en *Construir Catalunya* escribe: «Creo que un auténtico nacionalista en principio no tiende a ser federalista, sino autonomista o, si acaso, independentista. No tiende a defender una estructura estatal que, en el fondo, muy a menudo, responde a criterios de eficacia administrativa y —ya es mucho— de profundización democrática más que de afirmación nacional. En el caso concreto de España, podría llegar a ser federalista, si la federación se estableciera entre las nacionalidades auténticas y reales del Estado, es decir, Euskadi, Galicia, Castilla y toda su área de proyección y los Países Catalanes (o Cataluña estrictamente, si el País Valenciano y las Islas rechazaran el entendimiento con el Principado). Pero el federalismo de las regiones, de todas las catorce o quince regiones y nacionalidades que componen España, no es otra cosa que un uniformismo disfrazado. Y por cierto que, tal como van las cosas, será necesario vigilar que no nos vayan conduciendo a ello.» Por fin, en estilo muy pujolista, ha definido el federalismo en estos términos: «... es un concepto equívoco. No es lo mismo comer pan con un poco de queso, que queso con un poco de pan. Todo es federalismo.» El autonomismo le permite un grado de progresión ilimitado. «Cataluña no espera ser una Dakota del Norte —ha escrito—. Ni aspira tampoco a ser una Bielorrusia; nuestro Estatuto de 1932 nos daba más libertad y más poder del que en realidad tienen las repúblicas soviéticas.» Por esto precisamente la independencia de ciertas repúblicas soviéticas fue saludada por Pujol para, en ese punto, poderse comparar con ellas.

Los catalanistas han elaborado más que los vascos la teoría de la vía autonómica como más favorable, si bien éstos también la rechazan. Por otra parte, el debate interno de Convergencia Democrática estuvo empeñado en el rechazo del federalismo que defendía en sus comienzos. Arzallus ha sido escueto cuando en alguna ocasión se le ha preguntado sobre su posición respecto al federalismo: «Ya es tarde para venir con esas.» Esto es, nunca fue solución para el PNV y, por supuesto, ahora tampoco.

Si bien es cierto que Pujol tranquiliza al electorado catalán y español con su rechazo del independentismo, en más de una ocasión ha querido dejar abierto el portillo a pretensiones de mayor soberanía política: «Alguien dirá, quizá con animosidad, que la consecuencia lógica de esta doctrina es la constitución de un Estado catalán. Es así mismo. Estado quiere decir poder político, soberanía política. Cataluña necesita poder y soberanía política.»

«¿Somos o no somos españoles?», se preguntaba en *Fer poble, fer Catalunya:* «Todavía nadie ha sabido dar, de verdad, una respuesta clara... ¿Qué representa Europa para nosotros? Vamos a Europa y volvemos, vamos a Castilla y volvemos, sin acabar de encontrar nunca no ya política, sino espiritualmente, nuestro lugar»[9]. Una ambigüedad sin límites, un rechazo de la identidad española sin definirla.

Isidre Molas ha escrito[10] que el catalanismo nunca ha sido independentista. El de Ángel Colom lo es y ERC tironea de CiU con cierto éxito. Lo que sí es claro es que los nacionalistas catalanes entienden Cataluña «en» España, pero afirmando su diferencia. A veces dicen también que «es» España, pero, en todo caso, que España no es una nación y que no puede hablarse de una cultura española, que no existe una cultura española. Tanto en el País Vasco como en Cataluña los nacionalistas se niegan a reconocer que una buena parte de su sociedad son y se sienten españoles, que una buena parte de los catalanes y vascos tienen una cultura española.

Vientos del Este

La oleada emancipadora de las minorías nacionales en la Europa del Este a partir de la caída del muro de Berlín y del desmoronamiento de la URSS, de Yugoslavia y Checoslovaquia excitó tanto a los nacionalistas vascos y catalanes que no sabían por qué modelo inclinarse: un día preferían Eslovenia, otro

---

[9] Siscu Baiges y Jaume Reixach, *Jordi Pujol: historia de una obsesión,* Madrid, Temas de Hoy, 1991.

[10] Isidre Molas, *op. cit.*

Eslovaquia y otro Lituania. Véanse los periódicos de las fechas. La tragedia de Bosnia Herzegovina y la crueldad de serbios y croatas cortó el frenesí comparativo que un día hacía Arzallus y otro Pujol. No obstante, para el dirigente de ERC Ángel Colom, el drama yugoslavo no debe tener consecuencias en Cataluña, ya que el modelo catalán —para él— es el de Checoslovaquia: «Los checoslovacos han sido capaces de separarse por la vía democrática... Nos pasan el relevo para que iniciemos la cuarta oleada histórica de independencias del siglo XX que debe afectar a las naciones sin Estado de Europa Occidental: Cataluña como primera nación sin Estado propio; Escocia, País Vasco, Galicia y Córcega... En esta casa común europea todos queremos tener una habitación soleada y con vistas» *(Diario 16,* 3 de enero de 1993).

El proceso de emancipación catalana es descrito por Ángel Colom del siguiente modo: «El día en que en el Parlament de Catalunya haya una mayoría de 68 diputados que asuma el reto de la independencia, ese día desde la Cámara catalana proclamaremos la independencia, la república, y se buscará el acuerdo del reconocimiento con las autoridades españolas en el marco de la Europa unida... Porque... somos una nación no española» *(Diario 16,* 3 de enero de 1993).

Lituania y Eslovenia fueron los ejemplos tocados por Arzallus para afirmar que «nada ni nadie nos puede negar que nosotros nos adentremos en Europa con el mismo *status».* Para Txema Montero no puede establecerse ningún paralelo entre el caso vasco y los movimientos emancipatorios de los ex comunistas; «sin embargo —escribe—, el ejemplo que supone para nosotros la emancipación de las minorías nacionales en el este de Europa, y particularmente la ruptura del tabú de que no era posible el derecho de autodeterminación, tal y como hasta entonces lo había contemplado la práctica de las Naciones Unidas..., ha supuesto una enorme inyección de moral».

En 1965, cuando estaba haciendo sus pinitos nacionalistas, Pujol andaba con otros modelos más cercanos. Escribía: «Cataluña será un país normal, un país como Holanda... Seremos un país normal, un país como Holanda» [11].

Como habrá advertido el lector, he pasado sin glosar los objetivos de los nacionalistas, incluso aquellos más sorprendentes. Creo, como he dicho, que la primera necesidad que tenemos los españoles es de información, conocer sin tapujos las estrategias de cada cual. Sin embargo, en este caso no puedo resistirme a comentar las comparaciones con países que formaron Yugoslavia, la URSS, ambas inexistentes ya. Más que reivindicaciones, moderadas o radicales, son una agresión a las demás regiones por cuanto pasan por la desaparición de España-URSS o España-Yugoslavia. El nacionalista independentista no debería al menos ser tan pretencioso como para suponer que, en el caso de que su región se separara, España tendría que dejar de existir.

El efecto de los nacionalistas puede ser, está siendo, de dominó. Lorenzo Olarte ha planteado para las islas Canarias un «Estado libre y asociado a España». Y debe tenerse en cuenta que Canarias es la región española de un más acusado nacionalismo después de Euskadi, según las encuestas.

En Aragón, el 92 fue un año de recrudecimiento de la conciencia autonómica con dosis muy obvias de competitividad frente a Cataluña. Aragón se siente humillado y postergado ante las exigencias catalanas. Este regionalismo que se ha expresado en manifestaciones masivas podrá cristalizar en reivindicaciones más serias que las sostenidas actualmente por el PAR.

---

[11] Siscu Baiges y Jaume Reixach, *op. cit.*

9. Algunas coartadas

a) Sobre la violencia

Es sabido que el terrorismo dificulta el discurso político, impide la lucidez, enmascara otras estrategias, las justifica incluso.

El terror es un aliado objetivo del conservadurismo porque consolida el sistema cuando no es capaz de volcarlo. Es un regalo a los poderes, aun cuando éstos lo combatan de modo encarnizado e incluso por encima del Estado de Derecho. ¿Se ha visto mayor devoción que la que sienten un excesivo número de ciudadanos ante el poder que utiliza recursos ilegales contra el terrorismo? ¿Se ha visto mayor regalo que este a un poder, que lejos de quedar deslegitimado por el abuso de la violencia institucional se consolida? ¿Acaso no es preferible derrotar a la bestia que respetar la democracia? Ciertamente sale malparada la democracia... Ella y las víctimas son los perdedores. Pero no sólo es el poder el ganador, sino también aquellas opciones con las que el terrorismo comparte objetivos políticos aunque no métodos. Así, objetivamente, el PNV sale ganancioso con la existencia de ETA. Y no es que ésta sea valedora de aquél. Es el público, amedrentado, el que eleva los ojos al PNV. Es la sociedad la responsable de este movimiento de simpatía hacia una formación que puede liberarle del terror, aun cuando ello tenga un coste político tan alto como la autodeterminación. Una de las razones por las cuales se le perdonan al PNV las amenazas constantes, su xenofobia y su racismo, es el rostro humano, institucional, reformista. El terror hace pasar políticas impensables. La violencia no sólo levanta un muro infranqueable entre el sistema y el terrorista, sino que obliga a perdonar a su versión reformista, institucional e incluso conduce a pactar con ella. Es obvio que el PNV es un mal menor como Pujol y Colom lo fueron, en su día, respecto a Terra Lliure y ahora respecto al puro miedo de que la violencia se encarne en alguien. Pero aún hay una vuelta de tuerca más en esta argumentación. No es que los partidos nacionalistas sean aceptados, sino que se les ve como necesarios para que compitan con las opciones violentas. «Si no fuera por Pujol...», se dice. «Deja, deja». Mientras exista ETA, el PNV, EA... tendrán un salvoconducto aun en ambientes integristas. Resulta inútil que el especialista intente demostrar y demuestre hasta la saciedad que ETA y PNV son dos ramas del mismo tronco. Esos son purismos, dirá el común. Un partido está en su derecho de defender cualquier tesis, incluso el independentismo, mientras respete el juego democrático. ¿Y el día en que termine la violencia? Para entonces el común difícilmente podrá reaccionar. Habrá asimilado las razones de ambos: del pacífico y del violento, esto es, el independentismo. Para Txema Montero, miembro expulsado de la Mesa Nacional de HB, ya ha llegado ese momento. ETA ha hecho su labor hasta el punto de que «ahora es un elemento retardatario de la independencia del País Vasco».

El día en que termine ETA —siempre quedará algún «soldat perdu», en expresión de De Gaulle que nos ha recordado Montero—, los partidos abertzales se sentarán en una mesa y comenzará una sofisticada propuesta para el ejercicio de la autodeterminación. Pesarán entonces los argumentos nacionales solamente. ¿Qué haremos si únicamente tenemos argumentos de Estado? ¿Ocupar Euskadi con el Ejército?

b) La gobernabilidad

Mientras el PSOE tenía la mayoría absoluta, la idea-fuerza era «el Partido Socialista es el único capaz de garantizar la cohesión nacional. Sólo el PSOE tiene una cobertura regular en todo el territorio. Es la columna vertebral». Tal aserto no era discutido. Era un pequeño dogma. Audaz y peligroso para el común: ¿puede acaso un Estado depender de un partido? ¿Tan mal estamos? Nunca la cohesión territorial de un Estado hubiera sido tan precaria de ser ciertas estas afirmaciones. Bastaría un pequeño cambio en la relación de fuerzas para acabar con esa situación cohesiva y, en efecto, hubo el pequeño cambio: el PSOE dejó de tener la mayoría absoluta y, por tanto, la capacidad para gobernar solo.

Entonces la gobernación del país ha sido traducida a una expresión inventada por Roca y aceptada acríticamente, esto es, tontamente, por el Gobierno socialista, escasamente dotado para el lenguaje. Gobernabilidad implica una cierta dificultad para ser gobernado, una cierta dificultad estructural. Es una acusación de debilidad. Roca inventa el término porque le interesa demostrar que España sin los nacionalistas es ingobernable y el barroquismo del poder lo integra como propio, porque quiere demostrar que no tiene otro remedio que aceptar a aquéllos y que España es realmente un país necesitado de fórmulas que rebasen la normalidad política. El político como demiurgo o como curandero. Gobernación supone normalidad, gobernabilidad comunica incapacidad, temor al vacío. Siempre estamos en este terreno de lo incierto, de lo provisional. El método barroco consiste en presentar una situación de peligro ficticia para conseguir un prestigio posterior al aparentar que se resuelve. González presentó el abismo al que se despeñaría la sociedad española si no se tomaban las medidas que él propugnaba: la coalición entre socialistas y nacionalistas. Naturalmente, era la única después de prescindir de posibles coaliciones con cualquiera de los dos partidos estatales: el PP o IU, o simplemente de gobernar en minoría —el electorado, según encuestas, era partidario de una coalición gubernamental con Izquierda Unida—. No es tanto el asco de González a la greña jacobina cuanto la peligrosa humillación de gobernar con Aznar lo que le llevó a optar por los nacionalistas. Una solución aceptable con algunos reparos:

a) El problema nacional-regional no se soluciona mediante un Gobierno de coalición con los nacionalistas. Cierto que es un paso hacia la liquidación de fantasmas, prejuicios, complejos y la resolución de problemas reales. Pero el hecho de que los nacionalistas no quisieron aceptar, sino tan sólo apoyar los presupuestos a cambio de algunas condiciones significativas, indica hasta qué punto el problema nacional-regional es más complejo para los nacionalistas que para el PSOE.

b) El mantenimiento en el poder a costa de pactos que suponen la dejación de ciertos principios no se puede encubrir con el problema nacional-regional. Es una instrumentalización tal que tendrá consecuencias nefastas.

c) Un pacto de legislatura con el PP habría supuesto para el PSOE algunas concesiones en los aspectos sociales, económicos...; pero una coalición con los nacionalistas de centro-derecha supone esas mismas condiciones más las derivadas de las exigencias nacionalistas.

c) Europa

Nos hemos metido en Europa sin saber quiénes somos. Y no sabemos quiénes somos porque no producimos y no inventamos. Y no producimos y no inventamos porque para ello hace falta un proyecto colectivo y común, cohesionado, solidario y nacional. «Made in Spain.» ¡Pero si no sabemos el esfuerzo del «made» y abjuramos del «Spain»!

¿Es quijotesca la pretensión de tener un puesto en la cabecera de Europa con una oferta escasamente creativa y decreciente? Yo diría que entra más en lo sanchopancesco cuando este comportamiento disimula su sentido realista con retórica visionaria. Estamos ante visionarios pícaros.

Nuestros gobernantes han caído en la tentación de pensar que la integración resolvía por sí misma los males de España. Obsesionados por los demonios familiares y menos preocupados por las causas de estos demonios, pensaban que la «mera» integración iba a hacer milagros. ¡En la Europa mercantil, en la Europa de la producción! Salir del ensimismamiento. Naturalmente. Está en los clásicos. Pero ¿cómo salir del ensimismamiento si no es con la creación, con la producción, con la investigación?

Nuestra integración ha sido una nueva forma de decir que inventen ellos. Más aún, nuestros gobernantes no han creído que España tuviera una potencialidad en su empresariado, en sus trabajadores, como para competir en y con Europa. Hemos metido en Europa un barco plataforma sin tecnología, lleno ciertamente de gentes preparadas, vitales, pero sin proyectos industriales o culturales. «No necesitamos una política industrial», decía uno de nuestros ministros. «Debemos ser cosmopolitas y no cerrilmente nacionales», decía otro. Mientras, los franceses son cerrilmente nacionalistas en su producción y en la defensa de su tecnología, de su agricultura y de sus audiovisuales (ni siquiera nos hemos sumado a ellos a tiempo, sino tan sólo al final de las negociaciones del GATT).

Tenemos un problema de identidad gravísimo porque no tenemos una producción propia, y tenemos un problema de producción porque no hemos resuelto nuestra identidad. La desconfianza en las propias capacidades productivas revela una incredulidad radical en la sociedad. Para ocultar esta realidad se recurre a la ideología. Conversos de la izquierda piensan que cualquier propuesta nacional pertenece a las obsesiones de la lucha contra las multinacionales.

España, la sociedad española, ha sido desarmada. Está inerme.

Nuestra forma de encarar las relaciones con Europa a finales del siglo XX ha cambiado ciertamente respecto al pasado, porque existe una sintonía de lenguaje, de costumbres, de moral entre «las sociedades» española y europea. Pero no existe sintonía en las obras.

Europa ha podido ser una coartada para el mantenimiento en el poder. Una apariencia para provincianos. También una necesidad imperiosa ¡pero de otro modo! Sin embargo, la coartada se ha convertido en acusación, en proceso público y constante. Se ha querido vender «la entrada» cuando lo que había que vender era «cómo» y «con qué» entrábamos.

Ocurre, sin embargo, que Europa no es lo querido. Ni en el aspecto económico ni en el político y cultural. Alemania se ha decantado por la reafirmación de la soberanía de los Estados, esto es, de los Parlamentos nacionales, para decidir en cada uno de los avances hacia la integración, y junto a Gran Bretaña y Dinamarca ha hecho correcciones excepcionales a los acuerdos de Maastricht: en política monetaria, en política social (Gran Bretaña) y en seguridad y exterior (Dinamarca).

Nuestro camino de integración en Europa no ha sido todo lo brillante que algunos de nuestros gobernantes hubieran querido. Les parecía una operación de gran rentabilidad y sin costos. Por otra parte se cumplía el sueño ilustrado español y comunicaba un prestigio que nunca da lo local. Esta visión paleta ha sido una mezcla de oportunismo sanchopancesco y ensoñación quijotesca. Cualquier propuesta europea encuentra en nuestros gobernantes una actitud entreguista que se plantea de forma agresiva contra cualquiera que pida cautela, el mismo sentido defensivo de los intereses nacionales que cualquiera de los otros países miembros. De este modo las dificultades normales que provienen de la integración se convierten en fiascos de nuestros gobernantes. Recordemos algunos. La entrada en la Comunidad supuso el traumático referéndum sobre la OTAN, que se presentó como condición *sine qua non*. El mismo día del ingreso oficial, el 1 de enero de 1986, se vio apesadumbrado por la implantación del IVA y la campaña correspondiente. En plena recesión económica, el desencadenamiento de una oleada especulativa obligó a tres devaluaciones de la peseta. ¿Qué consecuencias tendrá en el problema nacional-regional un fracaso de la Convergencia y una dilación de la Unión?

Por otra parte, la idealización de Europa, propia de novicios, ha saltado por los aires con la inmolación de Mostar y de Sarajevo. Pero ¿acaso no veníamos ya viviendo la ascensión de una oleada neonazi, xenófoba, nada minoritaria o testimonial por cierto, y no habíamos asistido a la marea creciente de Le Pen y los síntomas de una nueva racha antisemita? Pero ¿es que la condición europea ha permitido alguna vez a las conciencias democráticas dormirse sobre los laureles? ¿Acaso el descenso colectivo a los infiernos no se ha hecho sobre esta tierra y vuelve ahora a repetirse en Bosnia?

10. Recuperar la idea de Nación

Una guerra de Sucesión en el XVIII, las tres carlistas en el XIX y la civil del XX —manifestaciones trágicas de tendencias centrífugas, de la variedad étnica y lingüística y de la disfuncionalidad del poder político respecto al económico— no han conseguido llevar al profesor Giner a dudar del carácter definitivo de la unidad de España ni a temer la amenaza de un futuro balcánico para nuestra convivencia. «Tanto la grandeza como la miseria de España, tanto la obvia dimensión trágica de su historia como la no menos obvia faz mezquina de su vida social tradicional, deben mucho a las tensiones creadas por esas antinomias entre centro y periferia en su propio suelo. Bajo circunstancias favorables, las rivalidades territoriales han servido de acicate para la creatividad y la civilización de los españoles. Sin embargo, con harta frecuencia han paralizado al país y le han hecho desperdiciar energías» [1].

A este último efecto perverso me refería al comienzo de estas reflexiones, cuando advertía que aunque las tensiones territoriales no desemboquen en conflictos traumáticos, terminan por condicionar negativamente la vida pública, la creatividad colectiva.

---

[1] Salvador Giner, «Centro y periferia: la dimensión étnica de la sociedad española», en *España. Sociedad y política,* Madrid, Espasa Calpe, 1990.

Por ello, no acabo de ver en nuestra historia las consecuencias beneficiosas de la competencia entre las regiones. Pienso que la tragedia española ha residido no tanto en el peligro de ruptura y disgregación cuanto en una especie de condena a una unidad tan inevitable como conflictiva. Incapaces de separarse, las regiones españolas lo son también para convivir sin ese tipo de tensiones que condicionan negativamente la vida pública e impiden una cooperación fecunda.

Cuando se valoran los cambios de la sociedad española, se cita en primer lugar, como ya hemos visto, el rechazo de la violencia como modo de resolver las diferencias ideológicas. Para algunos españoles ya no lo son tanto. Pero con ser lo más llamativo, el escándalo de la sangre no es únicamente lo que nos ha distinguido. Porque lo más característico de la vida pública española no ha sido el desgarramiento periódico de la convivencia, sino la alternancia de la violencia con la desgana, con la abulia, con la apatía: en la investigación, en la organización institucional, en la industria... Pues bien, es posible que hayamos conseguido conjurar las guerras civiles, pero desde luego no hemos ganado para la actividad del espíritu, para la tensión intelectual y estética a sectores sociales a los que razonablemente se puede aspirar. Cuando uno relee a Ortega, aquel pasaje ya clásico de *España invertebrada* sobre la peor de las enfermedades de la sociedad española, que consiste en «no ser sociedad», ¿no tenemos que reconocernos tal cual setenta años después?

No podemos interpretar tan positivamente los cambios de nuestra vida pública cuando no hemos resuelto la herida del problema nacional-regional. La razón de que la sociedad española sea una enfermedad, como hace setenta años, está en la debilidad de la conciencia nacional. La Nación como colectivo de voluntades libres, como comunidad de individuos, como pueblo, con una cultura común y con un pasado, con un patrimonio de sufrimientos... es lo que convierte un puro agregado de personas en una sociedad articulada... La Nación como pueblo ni entra en contradicción con los intereses de los ciudadanos ni éstos deben sacrificarse ante aquéllos. Pero sí es cierto que la Nación ofrece una racionalidad y una perspectiva en la cual los intereses contradictorios encuentran un encaje y una explicación. Aún más, de acuerdo con la idea de Nación, ésta puede orientar en un sentido progresivo o regresivo. Por ello importa luchar por una idea de Nación.

Los nacionalistas han tenido siempre algo que decir cuando había silencio; han tenido algo que llenar cuando había vacío. Los nacionalismos surgen en las crisis, se afirman en la debilidad, triunfan en la agonía.

Si las fuerzas de progreso consiguieran la participación de los ciudadanos en las tareas públicas, habríamos comenzado a resolver el problema nacional-regional español.

Pienso que una buena parte de nuestros males en estos años de democracia se deben a haber dejado indefenso, solo, al Estado autonómico, ya de por sí sofisticado y frágil. El Estado autonómico debe ser soportado de modo fundamental por el apoyo nacional. Como Estado nacional debe serlo, no sólo aparentarlo. La Nación como expresión del pueblo «español» es la mejor garantía del Estado autonómico frente a los asaltos, a los intentos para cambiarlo o sustituirlo. La Constitución misma que reconoce a la Nación se basa en ella, se basa en ese sujeto plural y en su voluntad.

Frente a los nacionalismos, la Nación. Frente a la irracionalidad de los nacionalismos, la racionalidad de la Nación. Frente a la exaltación de la historia, de la estética y de las costumbres, la defensa del hombre en su historia y en su medio.

Conviene, por tanto, desandar el camino equivocado que hemos seguido hasta ahora en este último medio siglo y que ha tenido las siguientes fases:

• Liquidación de la España plural de la II República, y de los Estatutos vasco y catalán. Creación de un Estado dogmáticamente unitario y exaltación del nacionalismo españolista.

• Pérdida de la identidad democrática de España e identificación de ésta y su historia con una construcción franquista; fortalecimiento de los nacionalismos periféricos en la clandestinidad.

• Infravaloración del carácter nacional del Estado autonómico.

• Asalto incesante al Estado autonómico por los partidos nacionalistas, indefenso por dos razones. Una, por no existir una razón nacional para ese Estado. Dos, por no hacer de él un instrumento de calidad democrática y participativa.

Por tanto, ¿qué posibilidades hay de detener el deslizamiento hacia la descomposición del Estado en varios y qué garantías hay de que, en todo caso, se lleve a cabo en paz este proceso?

A mi entender, es necesario un debate político y cultural con los nacionalismos, pero antes que nada urge el debate en el interior de los partidos nacionales. Hay que romper la costra de silencio y de falsa prudencia, lo cual supone la clarificación de criterios sobre la idea de Nación. La batalla ideológica y política con los nacionalismos será el comienzo de la desaparición de la incertidumbre que mina la vida pública española.

Es preciso desandar el proceso que acabo de describir. Es preciso volver a retomar el espíritu y la letra del Estado autonómico para afirmar que éste no significa la inexistencia de un Estado nacional, como ha señalado muy atinadamente el profesor Solozábal, y, asimismo, hay que ir a la recomposición de la idea de España como Nación.

De lo contrario, la descomposición será progresiva, las nacionalidades buscarán la cobertura estatal para cada una de ellas, romperán el difícil equilibrio actual cuando les interese o cuando se cree una situación que les obligue, que les arrastre. No hago predicciones. Digo simplemente que o nos atenemos a lo que está en la Constitución, la idea nacional de España compatible con otras varias naciones o nacionalidades, o sencillamente «esto» no se mantiene. Porque un Estado sometido a la tensión de varias nacionalidades y de regiones que miméticamente, competitivamente, aspiran a las mismas condiciones, ese Estado, digo, no resiste. La integración en Europa no impedirá la descomposición, como tampoco tiene por qué favorecerla. En todo caso, el hecho de que Europa sea considerada como un catalizador, ya sea para la cohesión o para la disgregación, indica hasta qué punto algunos desconfían de una racionalidad autónoma.

Siendo esto así, es decir, habiéndose sustituido la Nación española por algo de naturaleza tan distinta (y no ya desde el punto de vista jurídico o constitucional, sino desde su propia eficacia cultural e histórica) por el Estado, las nacionalidades llevan las de ganar. Al menos pueden llevar a aquél a un deterioro mayor aún que en el que está. ¿Y por qué? En primer lugar, porque la relación es desigual: las creencias nacionales, nacionalistas, son cohesivas, solidarias, coherentes. La Nación es el elemento legitimador, justificador del orden político y conlleva elementos culturales, sentimentales que no posee una construcción estatal que, en definitiva, o se monta para crear naciones o es producto de ellas. Cierto que el Estado español es anterior a la Nación española, que los historiadores suelen datar en el siglo XVIII. No sólo el Estado español es uno de los más antiguos, sino la propia Nación. «La nación tal como hoy la entendemos fue desconocida en la Edad Media, y todavía en el siglo XVIII los vínculos eclesiásticos y dinásticos aparecían en la política mucho más fuertes que los nacionales. Hasta la época del capitalismo avanzado no se constituyeron los pueblos en naciones», escribe Heller[2].

---

[2] Hermann Heller, *Teoría del Estado,* México, Fondo de Cultura Económica, 1934.

Ahora bien, este proceso de dotarse de Estado una vez que el pueblo se ha sentido nación, en España fue a la inversa: el Estado se constituyó antes: «No puede aceptarse que el pueblo o Nación sea una unidad en cierto modo natural, anterior a la del Estado, que viniera a constituir a ésta en virtud de su propia efectividad. Muy frecuentemente fue la unidad del Estado la que, al contrario, cultivó y creó la "unidad natural" del pueblo y de la Nación. Con sus medios de poder, el Estado se encuentra en las mejores condiciones para hacer un solo pueblo de pueblos diferentes por la lengua y la antropología. El pueblo francés tiene hoy un lenguaje unitario gracias a los reyes del norte de Francia, que convirtieron a la lengua de "oui" en lengua oficial, en contra de la lengua del "oc", más desarrollada.»

Así pues, las estructuras estatales reciben de la conciencia de Nación la garantía y, gracias a ésta, se pueden proponer ideas de solidaridad, empresas colectivas. En definitiva, la Nación informa a la sociedad. En estas condiciones, las dos nacionalidades, catalana y vasca, están en condiciones de ventaja dentro del Estado autonómico. Y se moverán con mayor ventaja a medida que desaparezca el carácter nacional español del Estado.

El asalto a la ciudadela estatal puede tener éxito por cuanto ha sido desprovista de los atributos nacionales. En estas condiciones el Estado tiene el futuro que quieran concederle aquellos nacionalismos que forman parte de aquél, esto es, depende de la voluntad de aquéllos en dotarse de Estados, en pasar a ser Naciones-Estado. Porque ¿hay alguien que pueda suponer que el Estado, este nuestro o cualquier otro, es capaz de resistir las tensiones lógicas que produce el fortalecimiento de los sentimientos nacionales periféricos? ¿Hay alguien que crea que un Estado desprovisto de contenidos nacionales puede proporcionar una moral colectiva, de solidaridad? Tan sólo una identidad global nacional que da sentido a la convivencia de varias nacionalidades. Tan sólo esto, porque la violencia —el Ejército— es recurso temporal. Nos hemos empeñado en desnacionalizar España y pretendemos que sea una solución duradera.

Antes expliqué qué entiendo por nación y aludí a su capacidad para intervenir, porque la cualidad primera y principal de la Nación para mí es su operatividad. Tengo una idea operativa de la Nación. La Nación es una guía para los comportamientos que requieren solidaridad, comprensión del otro, relaciones de clases...Una sociedad que está informada por la idea de Nación está preparada para tener una moral laica y solidaria. Un ciudadano que participa de esa idea puede tener más fácilmente comportamientos éticos.

A partir de la idea de España es posible emprender acciones que implican una determinada entrega, que suponen alguna cesión en los derechos o en el bienestar. Digo que se puede levantar una idea de España como Nación a partir de la cual se puedan hacer propuestas morales. La izquierda necesita, a causa de su laicismo y de su frecuente agnosticismo, una idea operativa de la Nación.

Hoy la izquierda carece de ella.

No es la única. Yo pensaba que los franceses la tenían fuertemente interiorizada y, posiblemente en comparación con los españoles, la tengan, en efecto, en un grado mayor. Sin embargo, Max Gallo escribe: «El tema de la Nación es, a pesar de Jaurés, un agujero negro del pensamiento socialista. Ayer, unos, por temor a los peligros del nacionalismo, se arrojaron en un pacifismo internacionalista que les llevó a la colaboración más sórdida con los nazis. Otros, socialdemócratas, creyeron que podían dirigir guerras de represión al grito de "Viva la Nación"... Hoy día los pensamientos de izquierda no están más clarificados»[3].

Max Gallo entiende que en estos momentos en los que la integración europea elimina las referencias de los ciudadanos a las

---

[3] Max Gallo, *La gauche est morte. Vive la gauche!* París, Editions Odile Jacob, 1993.

comunidades nacionales y elabora una concepción muy seductora de ciudadano internacional, aquél se queda indefenso y propenso fácilmente al racismo cuando se enfrenta a hechos como la inmigración y no dispone de una moral nacional que le ayude a la integración. «Si no hay un discurso "sobre" la Nación, sobre su sentido, la reflexión que germina en el espíritu del francés cuando se le pone en contacto con el otro, no es la idea de que "la Francia europea será más fuerte y más respetada que la Francia sola, que más vale una Francia conquistadora que una Francia replegada", sino la de una Francia conquistada.» Las comillas dentro del texto fueron palabras pronunciadas por Mitterrand en una entrevista, en la que dijo que términos como «identidad nacional» son peligrosos y demagógicos. Pero el hecho cierto es que un trabajador francés tiene que saber responder ante la inmigración, y en ese punto es muy distinto sentirse de la Francia de Dreyfus, del Frente Popular, de De Gaulle a sentirse heredero de los antidreyfusards, las ligas fascistas, Pétain... Son dos identidades nacionales y hay que elegir y, desde esta opción cabe el enfrentamiento con la realidad. Hay dos Francias, dice Gallo. Hay dos Españas, digo yo. Ha habido dos Españas y dos identidades nacionales. Y es preciso estar con una de ellas.

Naturalmente, el problema nacional-regional es muy distinto cuando se contempla desde la España de Azaña a contemplarla desde la España de Franco. Dicho esto, que no se interprete que yo pido un modelo de Estado-Nación a la francesa. Ciertamente no. Creo en un Estado autonómico como el nuestro a condición de que se mantenga una moral nacional, a condición de que ese colectivo crea en una cultura común, sea solidario con el patrimonio histórico común, responda a la solidaridad propia de las comunidades nacionales. De lo contrario, el Estado autonómico no resistirá, no ya a la usura del tiempo, pero ni siquiera a la voracidad de los componentes nacionalistas. Se requeriría para ello que los partidos estatales tuvieran un sentido de la responsabilidad, creyeran en la naturaleza nacional de España y no sacrificaran a su conveniencia, esto es, al mantenimiento o conquista del poder, los intereses comunes.

El remedio contra los nacionalismos es la creencia en la Nación. Contra el abuso, el uso. Estoy con Jean Daniel, director de *Le Monde,* cuando escribe: «Parece que ha llegado el momento de hacer sitio a lo esencial, es decir, al sentimiento de pertenencia a la Nación cuya lengua se habla, cuyas costumbres se siguen y sobre cuya tierra se ha nacido, en la mayoría de los casos. Este sentimiento sigue estando muy arraigado porque la mayoría de la gente necesita sentir y saber que tiene raíces.»

El terreno es, no obstante, tan resbaladizo, hay tanta propensión de pasar de lo nacional a la perversión de los nacionalismos, que después de haberse decretado que la Nación era una categoría antigua y obsoleta, el riesgo de ahora consiste en volver a ver en ella el último reducto cuya defensa justificaría cualquier acción.

Estamos en una batalla que no es únicamente política, sino, además, cultural. Tenemos un Estado frágil ante las tentaciones ilimitadas y precisas de los nacionalistas. Pero, lo que es más grave, los partidos de izquierda, lo mismo en sus cuadros que en sus bases, están ganados por las razones de los nacionalistas. Y no ya porque se abrieran a una concepción plural de Estado, sino porque pensaron que los nacionalismos eran por naturaleza progresistas mientras la Nación española era la encarnación de la razón opresora. Así, los partidarios de lo estatal están bajo mínimos. El grado de postración es patético. Los nacionalistas amenazan, humillan, chantajean y en «Madrid» se sonríe porque hay que intentar la integración, el diálogo, incluso hay que engañarlos.

Siendo esto así, a mi entender, se está dando un vuelco. Comienza a sentirse un hartazgo de nacionalistas. En primer lugar, por el proceso que describimos en estas páginas, esto es, su radicalización notoria en los dos ultimos años; en segundo lugar, por los movimientos exclusivamente dirigidos a conseguir ventajas económicas o políticas. Las estrategias del PNV y de CiU despiertan la desconfianza e incluso, como ha escrito Vidal-Folch, llegan a abrir fosos de incomunicación: «Existen recelos justificados, que algunos líderes nacionalistas han cultivado con ahínco intermitente. Son los que derivan del lenguaje y simbolismos, de su ambigüedad finalista, esto es, de la opacidad sobre sus últimos objetivos, sobre sus intenciones recónditas. Cuando el Partido Nacionalista Vasco exhibe un autodeterminismo caduco o predica sobre las diferencias sanguíneo-raciales, está agravando la fosa que le separa del resto de los españoles, sólo salvada porque encarna «el mal menor» (frente al radicalismo abertzale violento), como se simboliza por su capacidad pragmática de coligarse con el «enemigo» en el Gobierno de Euskadi. Cuando desde Convergencia Democrática se proponían sinuosas comparaciones de Cataluña con Lituania, o se daba alas, bajo mano, a la campaña «Freedom for Catalonia», se cometía el mismo pecado, castigado por la —lógicamente consecuente— indiferencia o animadversión del resto de los españoles hacia «lo catalán». Malos servicios al prestigio y estimación de Euskadi y Cataluña[4].

Al margen de la estimación que merezcan por Cataluña y Euskadi y el grado de confianza o desconfianza que puedan producir las actitudes de sus líderes políticos y los comportamientos de los partidos nacionalistas y sus clientelas, ¿hasta qué punto en estas dos regiones y en las otras hay un caldo de cultivo para los objetivos autodeterministas o independentistas?

El vacío de referencias nacionales se ha ido llenando con las más inmediatas, con las regionales. Ante este desafío patético los nacionalistas insinúan en unos casos y proclaman en otros

---

[4] Xavier Vidal-Folch, «La bisagra», *El País,* 31 de mayo de 1993.

su aspiración a la soberanía nacional, esto es, al Estado. Y tanto los partidos nacionales como los nacionalistas ven en Europa una oportunidad para resolver el problema.

Curiosamente, nuestros gobernantes comparten con los dirigentes nacionalistas la ilusión de la incorporación a Europa, si bien por motivos distintos. Los nacionalistas ven en esa integración la ocasión de realizar su identidad; mientras, los gobernantes españoles esperan que la integración política de España en Europa resuelva los problemas interiores y especialmente el más grave: el nacional-regional. Da la impresión que nuestros gobernantes tienen tan pobre idea de España que esperan que la solución venga de fuera, y da también la impresión que a nuestros nacionalistas les gustaría ahorrarse el riesgo de la autodeterminación gracias al atajo europeo, pacífico, incruento. El europeísmo español —el de los nacionalistas o el de los autonomistas— viene a demostrar en realidad la misma incapacidad que representó el antieuropeísmo: la incapacidad para resolver los problemas propios. González ha puesto todo nuestro capital en el platillo europeo y Arzallus ha renunciado a la conquista del Estado, porque espera que sea un regalo europeo. Arzallus, eso sí, ha advertido que si falla la oportunidad europea, Euskadi volverá a reivindicar la independencia. González no piensa en alternativas. Tiene una fe, lógicamente, ciega.

La ausencia de conciencia nacional coloca a España en la menesterosidad industrial, científica, cultural... Es quizá la razón más poderosa para que los nacionalismos periféricos sientan deseos de volar por su cuenta, de extraer todas las potencialidades creadoras. La autoestima es escasísima cuando las expresiones tecnológicas o comerciales o científicas son muy pobres y cuando se sabe que una sociedad sin moral nacional no es capaz siquiera de escapar de la dependencia.

La recuperación de la idea de Nación es necesaria no ya por razones políticas, por una cuestión de principios, sino porque la ausencia de conciencia nacional tiene unas repercusiones sociales y culturales gravísimas. Cuando no se tiene una idea ni un apego, ni deseo siquiera de que exista en la realidad la idea de Nación española, ¿para qué pensar en una industria nacional? Los que dicen que no necesitamos tener una industria nacional, a nuestra medida claro, es que no creen en la Nación. Y, sin embargo, desgraciadamente, gentes así pueden llegar al «Gobierno de la Nación». Cuando se nos cae la Seat-Volkswagen, los políticos que pasan por tener una alta idea de España y que aseguran que vamos a estar entre los tres primeros países de Europa, nos dicen que no pidamos la luna, que España no tiene capacidad para tener una industria propia. Nuestros realistas políticos nos predican la resignación multinacional, no conciben que podamos tener una industria propia, lo cual sería muy bueno para nuestra autoestima... nacional.

A nuestros gobernantes les parece bien que los franceses tengan una idea de Nación, tienen hasta envidia de la idea que tienen los franceses de Francia. Y en efecto, existe una idea progresista y de izquierdas de la Nación francesa. Tenemos cineastas que desprecian la idea de Nación, pero quieren que tengamos un cine «español», y tenemos ciudadanos y políticos que no entienden que una comunidad nacional necesita tener expresiones culturales propias, como, por ejemplo, un cine propio. Pujol sí lo tiene claro: él sabe hasta qué punto necesita una cultura nacional-catalana. Y aquí está el combate, aquí la batalla cultural. Pero esto debe ser dicho y hay que expresarlo, y lo deben decir los socialistas frente a los nacionalistas y frente a los que quieren los resultados de una política nacional sin querer que exista como tal.

La identidad nacional no se lleva en los genes, como dice Raimon Obiols. La identidad es ciertamente Historia y caldo de cultivo cultural. Y cuando se pierde esa identidad la sociedad está desvertebrada, «sigue» desvertebrada, que dijo Ortega. Porque muchos de nuestros problemas se han arreglado, pero el problema nacional-regional no. Y estamos en trance de que se agrave si no se tienen unas ideas muy claras.

Ahora bien, antes que nada hay que saber en qué momento estamos, cuál es nuestra situación. Este libro ha pretendido describir el estado de la cuestión nacional-regional y, asimismo, señalar las causas que explican nuestro actual estado. La pérdida de la memoria histórica está en la base de la desaparición de todo vestigio de nuestra identidad y en la identificación de España con la construcción franquista. El proceso de la desmemoria de casi medio siglo, los oportunismos que la provocaron, las obscenas cohabitaciones políticas, las dejaciones de principios, la traición a nuestra historia, a nuestro patrimonio, el enterramiento de la España ilustrada y la convicción de que solamente ha habido una España inquisitorial, centralizada, ha sido el gran triunfo de Franco y de los nacionalismos históricos. Ha sido también la gran derrota cultural de la izquierda. Una derrota con gusto.

Bibliografía

ABELLÁN, JOSÉ LUIS: *La industria cultural en España,* Madrid, Cuadernos para el Diálogo, 1975.

ABELLÁN, JOSÉ LUIS: *La cultura en España (Ensayo para un diagnóstico),* Madrid, Cuadernos para el Diálogo, 1971.

ALONSO ZALDÍVAR, CARLOS, y CASTELL, MANUEL: *España, fin de siglo,* Madrid, Alianza Editorial, 1992.

ARANGUREN, JOSÉ LUIS L.: *Memorias y esperanzas españolas,* Madrid, Taurus, 1969.

AREILZA, JOSÉ MARÍA DE: *A lo largo del siglo: 1900-1991,* Barcelona, Planeta, 1992.

ARRABAL, FERNANDO: *Lettre au général Franco,* París, Union Générale d'Editions, 1972.

AYALA, FRANCISCO: *Recuerdos y olvidos. Del paraíso al destierro; el exilio; retornos,* Madrid, Alianza Editorial, 1988.

AYALA, FRANCISCO: *Hoy ya es ayer,* Madrid, Editorial Moneda y Crédito, 1972.

AZAÑA, MANUEL: *Obras Completas,* Edición de Juan Marichal, Barcelona, Oasis, 1966.

AZAOLA, JOSÉ MIGUEL DE: *Vasconia y su destino. II Los vascos ayer y hoy,* volumen I, Madrid, Ediciones de la Revista de Occidente, 1976.

BAIGES, SISCU, y REIXACH, JAUME: *Jordi Pujol: historia de una obsesión,* Madrid, Temas de Hoy, 1991.

BENET, J.; SERRANO SÚÑER, R., y otros: *Dionisio Ridruejo, de la Falange a la oposición,* Madrid, Taurus, 1976.

BLAS, ANDRÉS DE: «El problema nacional-regional español en la transición», en Tezanos, De Blas, Cotarelo, *La transición democrática española,* Madrid, Sistema, 1991.

BOSCH GIMPERA, PERE: *La España de todos,* Prólogo de Anselmo Carretero, Seminarios y Ediciones, 1976.

BRENAN, GERALD: *El laberinto español. Antecedentes sociales y políticos de la guerra civil,* Barcelona, Ibérica de Ediciones y Publicaciones, 1977.

CAMBÓ, FRANCISCO: *Memorias,* Prólogo de Vicente Cacho Viu, Madrid, Alianza Editorial, 1987.

CANO, JOSÉ LUIS: *Españoles de dos siglos. De Valera a nuestros días,* Hora H., Seminarios y Ediciones, 1974.

CARO BAROJA, JULIO: *Los vascos,* Madrid, Istmo, 1971.

CARO BAROJA, JULIO: *Los pueblos de España,* Madrid, Istmo, 1975.

CASTILLA DEL PINO, C.; GIMFERRER, P.; GINER, S., y otros: *La cultura bajo el franquismo,* Ediciones de Bolsillo, 1977.

CASTRO, AMÉRICO: *La realidad histórica de España,* Buenos Aires, Editorial Porrúa, 1980 (séptima edición).

CASTRO, AMÉRICO: *Origen, ser y existir de los españoles,* Madrid, Taurus, 1959.

DELANNOI y TAGUIEFF: *Teorías del nacionalismo,* Barcelona, Paidós, 1993.

DELIBES, MIGUEL: *La censura de prensa en los años cuarenta,* Valladolid, Ámbito, 1985.

DÍEZ NICOLÁS, JUAN: *La realidad social en España, 1990-1991,* CIRES (Centro de Investigaciones Sobre la Realidad Social), 1992.

ELORZA, ANTONIO: *Ideologías del nacionalismo vasco, 1876-1937 (De los euskartos a Jagi Jagi),* San Sebastián, L. Haranburu Editor, 1978.

ELORZA, ANTONIO: *La razón y la sombra,* Barcelona, Anagrama, 1984.

ENZENSBERGER, HANS MAGNUS: *Europa, Europa,* Barcelona, Anagrama, 1989.

Escorial. Revista de cultura y letras, tomo I, Madrid, noviembre de 1940.

FEBVRE, LUCIEN: *Combates por la Historia,* Barcelona, Ariel, 1970.

FELÍU DE LA PEÑA, NARCIS: *Fénix de Cataluña, compendio de sus antiguas grandezas y medio para resolverlas...,* Estudi introductori d'Henry Kamen, Departament de Cultura de la Universitat de Barcelona, 1983.

FINKIELKRAUT, ALAIN: *La memoria vana. Del crimen de la humanidad,* Barcelona, Anagrama, 1990.

FINKIELKRAUT, ALAIN: *La derrota del pensamiento,* Barcelona, Anagrama, 1990.

FORD, RICHARD: *Las cosas de España,* Prólogo de Gerald Brenan, Madrid, Turner, 1974.

FUENTES, CARLOS: *El espejo enterrado,* México, Fondo de Cultura Económica, 1992.

FUSI, JUAN PABLO: «País Vasco», *Cuenta y Razón,* mayo-junio de 1992.

GALLO, MAX: *La gauche est morte. Vive la gauche!,* París, Editions Odile Jacob, 1993.

GANIVET, ÁNGEL: *Idearium español,* Madrid, Espasa Calpe, 1990.

GELLNER, ERNEST: *Naciones y nacionalismo,* Madrid, Alianza Editorial, 1988.

GINER, SALVADOR: *España. Sociedad y política,* Madrid, Espasa Calpe, 1990.

GÓMEZ, JULIO SALVADOR: *Castilla: lamento y esperanza. Escritos (1915-1935),* Valladolid, Ámbito, 1992.

GUTIÉRREZ NIETO, JUAN IGNACIO: *Las comunidades como movimiento señorial,* Barcelona, Planeta, 1973.

HELLER, HERMANN: *Teoría del Estado,* México, Fondo de Cultura Económica, 1934.

JIMÉNEZ LOSANTOS, FEDERICO: *Lo que queda de España,* Zaragoza, Alcrudo, 1979.

JIMÉNEZ LOZANO, JOSÉ: «El aporte del profesor Américo Castro a la interpretación del sentimiento religioso español», en *Estudios sobre la obra de Américo Castro,* Madrid, Taurus, 1971.

JUARISTI, JON: *El linaje de Aitor: la invención de la tradición vasca,* Madrid, Taurus, 1988.

KAUTSKY, KARL: *La dictadura del proletariado,* Madrid, Ayuso, 1976.

LAÍN ENTRALGO, PEDRO: *España como problema,* Madrid, Aguilar, 1957.

LAÍN ENTRALGO, PEDRO: *A qué llamamos España,* Madrid, Espasa Calpe, 1971.

LAÍN ENTRALGO, PEDRO: *Descargo de conciencia: 1930-1960,* Madrid, Alianza Editorial, 1989.

LETAMENDÍA, FRANCISCO: *Breve Historia de Euskadi. De la prehistoria a nuestros días,* Ruedo Ibérico, 1980.

MARAGALL, JOAN: *Antología poética* (edición bilingüe), Madrid, Alianza Editorial, 1985.

MARCET, JOAN: *Convergencia Democrática de Cataluña,* Centro de Investigaciones Sociológicas, 1987.

MARCO TOBARRA, JOSÉ M.ª: *La inteligencia republicana, Manuel Azaña,* Madrid, Biblioteca Nueva, 1988.

MARÍAS, JULIÁN: «La estructura real de España», *Cuenta y Razón,* núm. 88, mayo-junio de 1992.

MARTÍN SANTOS, LUIS: *La paradoja del vencido. Escritos sueltos (1984-1988),* Valladolid, Ámbito, 1992.

MIGUEL, AMANDO DE: *La sociedad española, 1992-1993,* Madrid, Alianza Editorial, 1992.

MOLAS, ISIDRE: *La ciutat llunyana,* Barcelona, Edicions 62, 1981.

MORÁN, GREGORIO: *El precio de la transición,* Barcelona, Planeta, 1991.

MORÁN, GREGORIO: *Miseria y grandeza del Partido Comunista de España, 1939-1985,* Barcelona, Planeta, 1986.

ORTEGA Y GASSET, JOSÉ: *España invertebrada,* Madrid, Espasa Calpe, 1991.

PAYNE, STANLEY G.: *El régimen de Franco,* Madrid, Alianza Editorial, 1987.

PAYNE, STANLEY G.: *El nacionalismo vasco. De sus orígenes a la ETA,* Prólogo de Carlos Seco Serrano, Dopesa, 1974.

PÉREZ-AGOTE, ALFONSO: *La reproducción del nacionalismo. El caso vasco,* Centro de Investigaciones Sociológicas, 1984.

PI Y MARGALL, FRANCISCO: *Las nacionalidades,* Introducción de Jordi Solé Tura, Centro de Estudios Constitucionales, 1986.

PLA, JOSEP: *Madrid, 1921, Un dietario,* Madrid, Alianza Ediorial, 1986.

PRAT DE LA RIBA, E.: *La nacionalitat catalana,* Barcelona, Barcino, 1977.

REGLÁ, JUAN: *Historia de Cataluña,* Madrid, Alianza Editorial, 1974.

RENAN, ERNEST: *¿Qué es una nación?,* Madrid, Alianza Editorial, 1987.

RIBÓ, RAFAEL: *Catalunya nació d'esquerra,* Barcelona, Edicions 62, 1988.

RIDRUEJO, DIONISIO: *Escrito en España,* Buenos Aires, Losada, 1962.

RIDRUEJO, DIONISIO: *De la Falange a la oposición,* Colectivo: Benet, Serrano Súñer, Laín, Aranguren, Madrid, Taurus, 1976.

RIERA, CARME: *La escuela de Barcelona,* Universidad Autónoma de Barcelona, 1988.

RINCÓN, LUCIANO: *ETA (1974-1984),* Barcelona, Plaza & Janés, 1985.

SÁDABA, JAVIER, y SAVATER, FERNANDO: *Euskadi: pensar el conflicto,* Madrid, Libertarias, 1987.

SÁNCHEZ-ALBORNOZ, CLAUDIO: *España, un enigma histórico,* Editorial Suramericana, 1971.

SCHMIDT, BERNARD: *El problema español de Quevedo a Manuel Azaña,* Madrid, Cuadernos para el Diálogo, 1976.

SOLÉ TURA, JORDI: *Catalanisme i revolució burgesa,* Barcelona, Edicions 62, 1967.

SOLOZÁBAL, JUAN JOSÉ: *El primer nacionalismo vasco,* Madrid, Tucar, 1975.

SOLOZÁBAL, JUAN JOSÉ: «El Estado autonómico como Estado nacional», *Sistema,* núm. 116, septiembre de 1993.

TOURAINE, ALAIN: *El postsocialismo,* Barcelona, Planeta, 1982.

TUSELL, JAVIER: *Franco en la guerra civil: una biografía política,* Barcelona, Tusquets, 1992.

TUSELL, JAVIER: «Cataluña en una encrucijada», *Cuenta y Razón,* mayo-junio de 1992.

UNAMUNO, MIGUEL DE: *La raza vasca y el vascuence; en torno a la lengua española,* Madrid, Espasa Calpe, 1974.

UNAMUNO, MIGUEL DE: *El resentimiento trágico de la vida. Notas sobre la revolución y guerra civil españolas,* Estudio de Carlos Feal, Madrid, Alianza Editorial, 1991.

UNAMUNO-MARAGALL: *Epistolario y escritos complementarios,* Prólogo de Pedro Laín Entralgo, Epílogo de Dionisio Ridruejo, Hora H., Seminarios y Ediciones, 1971.

VALDEÓN, JULIO: *En defensa de la Historia,* Valladolid, Ámbito, 1988.

VEGA, PEDRO DE: «El carácter burgués de la ideología nacionalista», Revista *Sistema,* enero de 1977.

VENTALLÓ, JOAQUÍN: *Los intelectuales castellanos y Cataluña,* Prólogo de José Luis L. Aranguren, Barcelona, Sagitario, 1976.

VICÉNS VIVES, J.: *Aproximación a la historia de España,* Barcelona, Vicéns Vives, 1976.

VIDAL-QUADRAS, ALEIX: *La cuestión de fondo,* Barcelona, Montesinos, 1993.

ESPASA HOY

Títulos publicados:

Luis Rojas Marcos, *La ciudad y sus desafíos. Héroes y víctimas.*

Javier Tusell / Justino Sinova, *La década socialista. El ocaso de Felipe González.*

Lolo Rico, *TV fábrica de mentiras. La manipulación de nuestros hijos.*

Fernando Arrabal, *Carta a José María Aznar con copia a Felipe González.*

Ramón Tamames, *La España alternativa.* Premio Espasa Ensayo, 1993.

Roman Gubern, *Espejo de Fantasmas. De John Travolta a Indiana Jones.*

Manuel Leguineche, *Apocalipsis Mao. El último emperador cumple 100 años.*

Fernando González Urbaneja, *Banca y poder. Mario Conde y la intervención de Banesto.*

Susana Pottecher, *Las aventuras del cuerpo.*

Xavier Rubert de Ventós, *Nacionalismos. El laberinto de la identidad.*

Luis Rojas Marcos, *La pareja rota. Familia, crisis y superación.*

César Alonso de los Ríos, *Si España cae... Asalto nacionalista al Estado.*